诗词总动员

张 羽 著

影响孩子一生的 **70** 首经典古诗词

中华书局

图书在版编目(CIP)数据

诗词总动员:影响孩子一生的 70 首经典古诗词/张羽著. —北京:中华书局,2020.7
ISBN 978-7-101-14482-6

Ⅰ.诗… Ⅱ.张… Ⅲ.古典诗歌–中国–小学–教学参考资料
Ⅳ.G624.203

中国版本图书馆 CIP 数据核字(2020)第 055888 号

书　　名	诗词总动员——影响孩子一生的 70 首经典古诗词	
著　　者	张　羽	
责任编辑	陈　虎	
出版发行	中华书局	
	(北京市丰台区太平桥西里 38 号　100073)	
	http://www.zhbc.com.cn	
	E-mail:zhbc@zhbc.com.cn	
印　　刷	北京市白帆印务有限公司	
版　　次	2020 年 7 月北京第 1 版	
	2020 年 7 月北京第 1 次印刷	
规　　格	开本/710×1000 毫米　1/16	
	印张 15¾　插页 2　字数 130 千字	
印　　数	1-10000 册	
国际书号	ISBN 978-7-101-14482-6	
定　　价	36.00 元	

目　录

序

　　中国的小孩儿到三、四岁时，家长大都喜欢教他们朗读或背诵一些耳熟能详的唐诗，背的第一首诗往往是骆宾王的《鹅》："鹅，鹅，鹅，曲项向天歌。白毛浮绿水，红掌拨清波。"孩子在朗读时能想象到有一只可爱的白鹅在绿水里游玩，既有动，又有静，且色彩斑斓。也有的孩子最先背诵李白的《静夜思》："床前明月光，疑是地上霜。举头望明月，低头思故乡。"这首诗朗朗上口，不管孩子是否能读懂其中的意蕴，至少这首诗的音节韵律能印入孩子的记忆。还有孩子背诵的第一首是孟浩然的《春晓》："春眠不觉晓，处处闻啼鸟。夜来风雨声，花落知多少。"春天的早晨，窗外的鸟叫声朗朗入耳。推窗看去，一夜的风雨吹落了多少花瓣。多么优美的意境，孩子不热爱古诗才怪！

　　想想我小时候那个特殊的年代，课本中根本没有唐诗，记得我第一次接触"唐诗"，是在初中一年级。当时看杨沫的小说《青春之歌》，青年林道静离家出走，淹留北戴河。一天，在沙滩上默写了一首七言绝句，男主人公余永泽走近说："是唐诗吧！"后来等我上了大学之后，才知林道静默写的是唐代李峤的《汾阴行》："山川满目泪沾衣，富贵荣华能几时？不见只今汾水上，唯有年年秋雁飞。"也才懂得了这诗的意思。从那时起，"唐诗"这个美妙、浪漫、带着一丝神秘的词汇，就牢牢地扎根在我的脑海里。女儿呀呀学语的时候，我教她背古诗，选的不是五言绝句，而是七言绝句，如"朝辞白帝彩云间，千里江陵一日还"（李白《早发白帝城》）；"两个黄鹂鸣翠柳，一行白鹭上青天"（杜甫《绝句》）；"远上寒山石径斜，白云生处有人家"（杜牧《山行》）；"小荷才露

1

尖尖角,早有蜻蜓立上头"(杨万里《小池》);"半亩方塘一鉴开,天光云影共徘徊"(朱熹《观书有感》);还读"儿童散学归来早,忙趁东风放纸鸢"(高鼎《村居》)。抑扬顿挫间,让她感受诗的韵味,也让她感受诗的魅力。因女儿有语言天赋,口齿清晰,现在依然记得她背诗时候可爱的样子与稚嫩的声音,不过,她背得快,忘得也快,忘了也没关系。女儿长大后,没有学习文学,但她的文学鉴赏力与艺术审美力都很不错,我想这与她幼时学习背诵古诗应该有直接的关系。

经常有人问我,我们的孩子应该读些什么内容的古诗?我说当然是既有音韵声律之美,又有教育意义的诗歌作品。真、善、美是中华传统文化的基本特征,古典诗歌又是思想感情与艺术技巧的完美结合。所以,用诗来教育孩子,是一个不错的选择。

诗歌具有教化作用,古已有之。孔子说:"《诗》可以兴,可以观,可以群,可以怨。"(《论语·阳货》)当然这是属于狭义的教育。我的老师莫砺锋先生曾编过一部书——《诗歌与道德名言》(江苏古籍出版社2002年版),主要是从道德层面对古典诗歌中的某些警句进行鉴赏解析,内容包含:进德修身、爱国爱民、刚强坚毅、谦逊淡泊、善善恶恶,等等。比如,劝人珍惜时光,努力奋进,就读"劝君莫惜金缕衣,劝君惜取少年时"(《金缕衣》);树立爱国情怀,建立人生信念,就诵"苟利国家生死以,岂因祸福避趋之"(林则徐《赴戍登程口占示家人》);做人要有骨气、正气与操守,就读"粉骨碎身全不怕,要留清白在人间"(于谦《咏石灰》);对他人有仁爱之心,"老吾老以及人之老,幼吾幼以及人之幼"(《孟子·梁惠王上》),就想起"安得广厦千万间,大庇天下寒士俱欢颜"(杜甫《茅屋为秋风所破歌》);做人要谦虚谨慎,就需要读"处高心不有,临节自为名"(张说《五君咏五首》)。"当后代的读者诵读那些家喻户晓的古代诗歌名篇时,他们在获得审美愉悦感的同时,也在道德上接受了熏陶"(莫砺锋《诗歌与道德名言·序言》)。通过学习古典诗歌,逐步培养孩子树立正确的道德价值观(即德育),是我们试图要达到的目的之一。

中国古典诗歌大都具有形式美，包括音律、节奏、语言、意蕴等。在孩子们读诗的过程中不仅受到道德感化，而且审美能力、丰富的想象力也在不知不觉中得到提升（即美育）。因此，诗歌的教育功能是广泛的，这是广义的诗教。

我国的古典诗歌内容丰富，类型多样，基本可分为山水诗、田园诗、咏物诗、咏怀诗、咏史诗、赠别诗、边塞诗等几种类型，这些类型的诗歌大都具有教育意义。山水诗，如"大漠孤烟直，长河落日圆"（王维《使至塞上》）、"停车坐爱枫林晚，霜叶红于二月花"（杜牧《山行》），教孩子行万里路，热爱祖国的山山水水。田园诗，如"漠漠水田飞白鹭，阴阴夏木啭黄鹂"（王维《积雨辋川庄作》）、"童孙未解供耕织，也傍桑阴学种瓜"（范成大《夏日田园杂兴》），教孩子热爱劳动，爱护我们的美好家园。与此相关的悯农诗，如"谁知盘中餐，粒粒皆辛苦"（李绅《悯农》），使孩子知道珍惜食物。咏物诗，如"小时不识月，呼作白玉盘"（李白《古朗月行》）、"不知细叶谁裁出，二月春风似剪刀"（贺知章《咏柳》），培养孩子对这个世界的认知能力，增强他们的好奇心。赠别诗，如"桃花潭水深千尺，不及汪伦送我情"（李白《赠汪伦》）、"又送王孙去，萋萋满别情"（白居易《赋得古原草送别》），教孩子珍惜友谊，做一个感情丰富的人。咏史诗，如"燕丹善养士，志在报强嬴"（陶渊明《咏荆轲》）、"三顾频烦天下计，两朝开济老臣心"（杜甫《蜀相》），激发孩子对历史的兴趣，并培养他们的家国情怀。咏怀诗，如"盛衰在须臾，离别将如何"（阮籍《咏怀》）、"风波不见三年面，书信难传万里肠"（白居易《登西楼忆行简》），帮助孩子养成丰富的情感意识，甚至提高他们的情商。可见，古典诗歌从方方面面都能让孩子受益，"诗与远方"是我们引导孩子守护自己精神家园的美好追求。

诗歌是语言的艺术，而艺术的主要特征就是富于形象。古典诗歌不仅形象化程度高，而且其中包含有丰富的人生价值观及其内涵。比起其他语体，其潜移默化教育影响孩子的功效是极为显著的，有时甚至起到事半功倍的效果。当这些优美的诗歌留在孩子们心间的时候，他们的情感、审美、想象力、价值观，就在不知不觉之中慢慢养成。

　　以上就是张羽君长期留意并致力于诗歌教育的重要原因。在出版了《像吃布丁一样品诗词》一书后，他不自满足，又撰写了这本《诗词总动员——影响孩子一生的70首经典古诗词》。书仍是写给孩子的，诗词作品的选录，在考虑审美的同时也顾及到了思想内容。当然，家弦户诵，朗朗上口，有代表性，传播久远，是这70首诗词最根本的特点。全书没有专业生涩的词汇，好读，也好理解。在这些生动而有趣的文字中，处处都传达出中国文学史的知识信息，有诗词的常识，也有历史的叙述，赏析也能做到引经据典，出处详明。简约而不失唯美，通俗而不失专业，是这本书的特点。此书的出版，肯定能为孩子们的古典诗词学习带来许多帮助与益处，同时也给孩子们的精神世界带来十分的快乐、十分的满足，为小读者们的诗词阅读生活留下美好的记忆！

郝润华

2019年12月8日于长安

（作者为西北大学文学院教授、博士生导师）

自 序

那是两千五百多年前的一天，孔子在鲁国陬邑自家的庭院里一个人站着，若有所思。正在这时，他看到儿子孔鲤低着头、弯着腰、迈着小碎步，想要在自己的眼皮子底下消失。作为一位诲人不倦的父亲，当然不会让儿子就这么轻易地溜走。"站住！最近学习怎样？有学过《诗》吗？"孔子问。孔鲤小心而诚实地回答："没有……"这还了得！孔子说："不学《诗》，无以言。"孔鲤退而学《诗》（《论语·季氏》）。这种来自父亲耳提面命式的训诫，在孔鲤的记忆中真是少之又少，而且就丢下了六个字。我不知道当时拘谨的他是否真能领会其中的含义，但是这六个字足够让后人深思。

"不学《诗》，无以言"。对这句话最直白的解释就是："不学《诗》，就没办法表达。"如果把这句话放在春秋时期的语境中，我们不难理解。因为在那个时候，《诗》的用途很广。周天子观民风之得失要用《诗》，国家祭祀大典要用《诗》，国与国的会盟中要用《诗》，士大夫赋诗言志要用《诗》，甚至民间百姓的婚恋也要用《诗》。在礼乐文明的社会中，《诗》的影响无处不在。一个读书人不学《诗》，显然是行不通的。

两千多年过去了，中国文化的形态不断地发生着变化。孔子所说的《诗三百》的《诗》，也和今天广义的诗歌有明显的不同。于是问题来了，"不学《诗》，无以言"，这句话还成立吗？一般人或许会认为：从我们学会说话开始就已经在表达了，学不学诗，有什么关系呢？并不妨碍人与人之间的交流。

显然，孔子对人和言有更高层次的期许。如果我们把生活中所说的假话、浑话、大话、废话、漂亮话、不得已的话、言不由衷的话、别人说过的话、不经过大脑的话都当成了言，那么就是在自我贬低人和言的价值。如果这些就是所谓的言，那么人类的言语仅仅等同于鸟兽的啼叫。甚至，有时还比不上动物因身体疼痛发出的哀嚎，因为哀嚎至少是有所触动的。

《毛诗序》中有一段精彩的表述："《诗》者，志之所之也。在心为志，发言为《诗》。情动于中而形于言，言之不足故嗟叹之，嗟叹之不足故永歌之，永歌之不足，不知手之舞之，足之蹈之也。"老祖先在告诉我们：诗在艺术地表达之前，先要遵从内心的真实。内心有感动、内心有言说的需求，然后再用艺术的方式去呈现。古往今来，那些沉淀下来的经典诗歌，无一不是真实的艺术：它来自于人性的真实、情感的真实、思想的真实。学诗，让我们知道了"真"是诗歌艺术的前提，也是社会中最为稀缺的奢侈品。

说真实的话，没有艺术的表达也是不行的。中国的诗歌语言极为精练传神，在二十个字的五言绝句中，除了文字本身所附着的语义信息外，还会留下一个审美的留白。婉转含蓄，言有尽而意无穷，让人无限回味。这种经济而富有张力的言说，是我们要学习的。白话文的写作中词语越来越多，篇幅越来越长，但能够留下的经典也越来越少。有时一位现代作家成千上万的文字，其表达效果甚至还比不上一首古典的小诗。学诗，让我们懂得艺术而经济地表达。

我们在说语言，其实语言也在塑造着我们每个人，这一点往往被我们的教育工作者忽略。我们关注孩子吃的是否有营养、穿的是否体面，但是阅读呢？我们似乎没有那么在意，只会习惯性地告诉孩子一句：书读得越多越好。其实没有择取的读书只会让孩子泛滥无归，甚至找不到自己文化的归属。为什么不让孩子去读读中国的经典诗歌呢？它们是中国文化浓缩的精华。当孩子们把诗留在心间的时候，中国人的情感、审美、思维、气质就会缓缓地释放出来，从而影响人的一生。诗在塑造着我们的民族认同感，其意义不言而喻。

读诗并不是非要让我们成为诗人，但是读诗能让我们会说话。说有感而发的话，说富有情感和善意的话，说有思想的话，说精练传神的话，说有文化传承的话，甚至能艺术地表达。从这个角度讲，"不学诗"的确"无以言"。

01. 咏 鹅

【唐】骆宾王

鹅，鹅，鹅，曲项向天歌。
白毛浮绿水，红掌拨清波。

【解说】

　　鹅，是一种普通的家禽。在农民伯伯的眼里它和鸡、鸭一样，如果非要说点不同，那就是它可以用来看家护院。当有陌生人靠近时，它会拍打双翅，伸直脖子，如一挺长矛，直面逼来。它才不管你的高矮胖瘦，防御外敌就是它的使命。鹅战斗力不亚于一条狗，但是无论如何，它在农家院子里的最终归宿，不过是过年过节摆在餐桌上的一道红烧鹅，自古以来，莫不如此。当亲朋好友在吃着鹅肉、喝着黄酒时，完全忘记了这只鹅曾为你看护庭院时的壮举，还有它弯曲脖子梳理羽毛时的美丽。这是鹅的不幸啊！这也不能怪农民伯伯，因为鹅毕竟是一种可供食用的家禽。

但是，中国的文人没有忘记鹅的美丽，这又是鹅的幸运。在唐朝有一个神童名叫骆宾王，据说他七岁就能写诗。有一天他在池塘边上游戏，一群白鹅随着清风，悠然自得地在水塘里游过，一位长辈就想借机考考他："骆宾王，听说你天资聪颖，你能为池中的白鹅赋诗一首吗？"长辈的话音刚落，骆宾王的一首诗就写好了："鹅，鹅，鹅，曲项向天歌。白毛浮绿水，红掌拨清波。"他比曹植还厉害，不用走七步，就能写出一首诗来（胡应麟《补唐书骆侍御传》）。不要小看这位七岁的孩子，他的这首《咏鹅》诗一经写成，就成了中国文学史上的经典。

这首诗以"鹅、鹅、鹅"三个字开头。你可以把这三个字理解为一群鹅在清澈的池塘中沐浴时，发出的欢快的叫声。此起彼伏的鸣叫，让这首诗有了声响般的效果。同时，我们也可以把"鹅、鹅、鹅"这三个字理解为召唤白鹅的声音，当小诗人在岸边欢呼它们的名字的时候，他和白鹅也就成了一见如故的朋友。

白鹅们仰起头，向天高歌，欢呼这场偶然的相遇。它们的脖颈呈现出优美的曲线，一条条悬在半空，于是一个个"之"字、"了"字，重重叠叠交织在一起，倒影在水面上。红色的鹅掌前后拨动，拨乱了池塘，把斑驳的阳光也搅进了水里。白鹅们从小诗人旁边经过，又背着身子一路高歌游向远处，留下一个个优雅高贵的身影，它们白色的羽毛在落满阳光的池塘里格外鲜艳。这种光鲜，恐怕只有法国印象派画家莫奈才能画得出来。

鹅的美丽也曾让东晋名士、书圣王羲之痴迷。他听说有一位老妈妈养了一只大鹅，而且叫声悦耳，气度不凡，便想前去观赏。老妈妈听说身世显赫的王羲之要到她家去做客，那简直是蓬荜生辉。欣喜之余，竟然杀了那只鹅款待他，这让王羲之哭笑不得。更有一位道士，想要得到王羲之的墨宝，故意养了一群鹅从王羲之的面前经过，想引起王羲之的注意，以此来换他书写的《道德经》。没想到王羲之欣然应允（《晋书·王羲之传》）。

王羲之养鹅，单纯就为了欣赏吗？当然不是，王羲之在鹅的形体中，悟出了书法之道。不但握笔的手势像鹅（包世臣《艺舟双楫》卷5《论书一·述书上》），而且把鹅身上优美且富有弹性的线条，化作从容潇洒、行云流水般的书法。由此可见，鹅这种看似普通的家禽，又成了艺术灵感的来源。

02.江　南

汉乐府①

江南可采莲，莲叶何田田。鱼戏莲叶间。
鱼戏莲叶东，鱼戏莲叶西，鱼戏莲叶南，
鱼戏莲叶北。

【注释】

①乐府：为古代的音乐机关，秦朝以来官府设置的掌管音乐的机构，后来成为一种带有音乐性的诗体。

【解说】

江南在哪里呢? 就在长江中下游以南的那些区域, 杭州、苏州就是江南城市中的代表。那里有小桥、流水、油纸伞、杏花、烟雨、乌篷船, 和北国的风光截然不同。唐朝大诗人白居易这样说:

江南好, 风景旧曾谙。日出江花红胜火, 春来江水绿如蓝。能不忆江南? (《忆江南·江南好》)。

每个人的眼中, 都有一个最美的江南。

这首乐府诗中写的就是江南的莲花。莲花又称为荷花、水芙蓉、芙蕖。在每年七、八月份的时候, 巨大的莲叶在湖面上连成一片, 随风摇摆, 婀娜多姿。正如杨万里的诗句所描述的那样"接天莲叶无穷碧, 映日荷花别样红"(《晓出净慈寺送林子方》)。要是一般的花, 只是美也就到头了。可是文人们在荷花中看出了精神的高洁:"出淤泥而不染, 濯清涟而不妖。"(周敦颐《爱莲说》,《周元公集》卷2《杂著》)它们的枝干虽然生长在泥土中, 但是盛开的荷花又是那么的圣洁美丽。莲花就像是花中的仙女。在文人和理学家那里, 有美和圣洁就够了。可是在种莲人那里, 美是不能当饭吃的, 荷叶可入药、莲子可煮粥、莲藕可下菜, 美的荷花还能用来维持生计, 这样的美, 很接地气。文人们观赏荷花、种莲人采莲收获, 二者并不相悖, 他们都可以唱着这首《江南》曲, 在荷花的美中各取所需。

莲花如此之美。这首名叫《江南》的乐府诗写得怎么样呢? 我实话告诉大家, 这首诗单从文字的角度看, 一点都不美。诗的前三句这样写:"江南可采莲, 莲叶何田田。鱼戏莲叶间。"如果把这三句连起来翻译, 那就是: 江南可以采莲的季节里, 莲叶是多么的茂盛啊。鱼儿成群结队在莲叶下面穿梭来往、游泳嬉戏, 一派自然, 顶多也就这样。在这三句描述性的语句中, 只有"何田田", 具有修饰性的特点。田田,"茂盛的样子"。能让我们想到晏殊《无题》

诗中"梨花院落溶溶月，柳絮池塘淡淡风"中的"溶溶""淡淡"；又如杜甫《曲江》诗中"穿花蛱蝶深深见，点水蜻蜓款款飞"中的"深深""款款"，这是用词法，兼顾了声音和形象，是一种艺术化的描摹。至于其他方面，我实在感受不到它的美。至于你产生了丰富的联想：水面上绿色的大伞，随风起舞，遮住了骄阳，引来清风，呵护着鱼儿，让它们在夏天享受惬意的清凉。这都是读者的臆想，与这几句有限的表达是无关的。

更让人受不了的是这首诗的后四句："鱼戏莲叶东，鱼戏莲叶西，鱼戏莲叶南，鱼戏莲叶北。"单从文字的角度讲，就是简单地重复。至于你能从这首诗中读出"鱼儿东西南北，来去自由，无拘无束，时而浮上水面，时而潜入水底，有时吐个泡泡，有时一跃而起"，那是你的本事。甚至引用庄子的名句"鲦鱼出游从容，是鱼之乐也"（《庄子·秋水》）都没关系，因为你有臆想的自由。但是这首诗的后四句从文学的角度讲，实在不具备让你过度诠释的品质。你可以说自己想得美，千万不能说这四句写得好。之所以有这个美丽的误会，那是因为有你先入为主，把它当成一首经典诗歌，再去自行脑补了，正如"皇帝的新装"。如果这四句文字是美的，那么我们也可以为自家的小猫写首诗："猫在沙发东，猫在沙发西，猫在沙发南，猫在沙发北。"这样写真的好吗？

问题来了，这样一首文字普普通通的诗，为何历代流传，成为经典呢？因为这是一首乐府诗。它来自于汉朝掌管音乐的机构"乐府"。这些诗歌在当时就是用来唱的流行歌曲，绝不是案头品读的文字。后来曲调失传了，只剩下了这么几行干巴巴的文字，就如同脱去水分的木乃伊。曲调是一首歌曲的灵魂，词写得再完美，没有优美的旋律，也是废品。如果曲调旋律足够美，也能让平庸的词流传千古。这首诗原本回环迭沓、婉转优美的曲调，到底是怎样的呢？这才是我们需要着力去想象的。

03. 画

【南宋】道川禅师

远看山有色，近听水无声。
春去花还在，人来鸟不惊。

【解说】

　　这四句，本是南宋时期道川禅师在注解佛经时说过的几句话，没有标题，算不上一首完整的诗。禅师在用偈语，让我们感悟这个看似有相而实际空幻的世界。

　　可是很多人看到这四句，并没有悟出佛理，反倒产生了诗意的联想：这不就是一幅题画诗吗？因为，只有在一幅画中才能产生出这样新奇的效果。禅师的境界难以企及，那就索性将错就错，就从画的角度理解这首诗吧。

一幅好看的山水画，会让你神游其中不能自拔。你会徘徊在山间的小道上，踩着林间的落叶，顺着山势弯弯曲曲一路攀爬。等到歇脚的时候，就坐在画家给你设计好的那座矗立在山巅、紧靠着悬崖边的亭子里。再看看远处那起伏的山峦、环绕的云烟、幽深的沟壑，还有一棵千年不老的古松。一幅好画，总能让人找到可行、可望、可游、可居之处（郭熙《林泉高致·山水训》）。

但是画家画得再美，他笔下的自然也和现实有很大差异，那就是画中景物没有声响。即便你站在画的面前，你也听不到潺潺的流水和咆哮的瀑布，甚至鸟儿的鸣叫也无法听到，那是一个无声的世界，一切都是静止的。春、夏、秋、冬的交替，花开花落的轮回，草长莺飞的生机，人来人往的嬉闹，都不会连续呈现。画家画下的只是一个静止的瞬间。春天过去了，花儿还在绽放；人来到画前，鸟儿还在枝头；岁月流逝了，容颜还是不老；江上渔翁的钓竿，一钓就是千年。美丽的景色，就那样永远凝固在纸上，"春去花还在，人来鸟不惊"，那是一个永恒的空间。

除了画没有声响外，再高明的画家也无法画出自然的香味。有一个故事这样讲，宋徽宗想要招考画师，于是就给前来考试的画家用一句诗出了一个考题，让他们画下来。哪一句呢？就是"踏花归去马蹄香"。别看这一句只有几个字，要画出来可不容易。画一匹马容易，画一朵花也容易，画出春天的美景也容易，可是要画出马蹄上花草的香味不容易。自古以来没有哪位画家能够用画笔画出香味来啊，于是众人纷纷搁笔。就在这时，只见一位画家略作思索，草草几笔就完成了创作。众人一看，为之绝倒。原来，他在马蹄的后面画上了几只翩翩起舞的蝴蝶。看画的人都会明白：蝴蝶追随其后，就是因为马蹄上带有一缕踏春回来的芳香（俞成《萤雪丛说》卷上《试画工形容诗题》）。这幅画创意绝佳，即便如此，这位画家也只是用间接的暗示，需要看画的人仔细体会，才能"闻"出其中的味道。

画是无声、无味、静止的。或许有人会说，这是绘画艺术的有限。但是，正是这种局限，才成就了画的特质。它的静止和有限，并没有束缚观赏者思维的延展，每个置身其中的品读者，都会用个性化的想象为画面配上声音、融入味道，画中的自然比真实的自然还耐人玩味，这又是自然不及画的地方。

04. 悯农二首（其二）

【唐】李绅

锄禾日当午，汗滴禾下土。
谁知盘中餐，粒粒皆辛苦。

【解说】

　　在中国古代，每当到了二月祭祀先农神的日子，朝野上下就会一片热闹。那一天，皇帝要去祭祀，祈祷国家五谷丰登，然后脱下龙袍，穿上便服，到田地里去耕种。他右手扶着耕犁，左手拿着牛鞭，在一亩三分地里来回走上三趟。前面有老农牵牛，后面有大臣播种，远处站着挑篮送饭的皇后和宫女。我们都知道，皇帝要管理天下，不可能每天都要劳动，这个活动具有表演的性质。但是这个习俗从周代开始，一直延续到了清朝，期间历朝历代都没有断绝。

我们不仅会问：皇帝贵为天子，富有四海，何苦要亲自这样做呢？原来啊，他想借助个仪式，表达对先祖的孝敬之心；也想以此来教化百姓：只有辛勤劳作才能衣食不愁。同时，他也想告诫自己的皇子皇孙，收获艰难，不要好逸恶劳，一粥一饭，当思来处不易；半丝半缕，恒念物力维艰啊！

这个道理，大家都懂，可是一些人常常忘本。战国时候，齐王派了一位大臣出使赵国，拜见赵威后。赵威后见面后一连问了使者三个问题：齐国今年的粮食收成怎么样啊？齐国的百姓怎么样啊？齐国的国君怎么样啊？这三个问题让这位使者深感不悦，他带着情绪对赵威后说：您怎么先问候低贱的粮食，再问候高贵的君主呢？赵威后对他说：没有粮食怎么会有百姓？没有百姓哪里会有国君？我怎么会是先问低贱再问高贵呢？（《战国策·齐策四》）这让齐国的使者哑口无言。

在中国古代的社会里，人人都会承认粮食的重要，人人都离不开农夫的耕种。郑板桥说："我想天地间第一等人，只有农夫，而士为四民之末。"（《范县署中寄舍弟墨第四书》，《郑板桥家书》，中国书籍出版社2004年版）可是在现实的生活中呢？很少有辞官当农民的官员。农夫的社会地位极低，他们用最辛苦的劳动，养活着全天下的人，却永远处在社会的下层，过着没有尊严的生活。"劳心者治人，劳力者治于人"（《孟子·滕文公上》），存在的难道就是合理的吗？

唐朝诗人李绅看不下去了，他写诗来控诉这个不公平的世道，他写下了两首《悯农》诗。"悯农"，就是对农民深深地同情。第一首这样写："春种一粒粟，秋收万颗子。四海无闲田，农夫犹饿死。"一些人不明白：农夫在春天种下一颗种子，到了秋天就会有万颗子的收获，大地上没有剩余的闲田，都是绿油油的庄稼，这简直是一本万利，农夫怎么会饿死呢？可以说，现实生活的荒谬比故事更不可思议。田里的收成有一部分会被官府作为税收征走。老子说得透彻："民之饥，以其上食税之多。"（《老子》第75章）如果再遇上兵荒马乱、天灾人祸的年月,有可能颗粒无收。

只有这一首诗,还不足以道尽农夫的苦。李绅紧接着写下了第二首《悯农》诗:"锄禾日当午,汗滴禾下土。谁知盘中餐,粒粒皆辛苦。"农夫在田地里为禾苗除草,从露水凝结的清晨,一直干到骄阳似火的中午。脆弱、稀疏的禾苗在炙热的阳光下,只等一场救命的大雨。雨没有来,等来的却是农夫干瘪的额头上一滴滴又苦又咸的汗水,它们渗入泥土,连一个影子都留不下来,转眼就干了。

那手中的锄头在贫瘠的土地里,怎么也找不到富足的希望。即便如此,农夫也不会停下来,他们祖祖辈辈都遵守着最淳朴的信仰:没有耕耘就没有收获。他们最满足的幸福,就是在秋天手捧着金灿灿的稻谷。那餐盘中的颗颗饭粒,都是一段段心酸的故事啊!

05.古朗月行（节选）

【唐】李白

小时不识月，呼作白玉盘。
又疑瑶台镜^①，飞在青云端。

【注释】

①瑶台：中国神话传说中神仙的居所。

【解说】

1969年7月21日，美国的"阿波罗11号"飞船，带着三名宇航员成功登上了月球。当宇航员阿姆斯特朗在踏上月球的那一刻，他说出了一句被我们奉为经典的话——"这是我一个人的一小步，却是整个人类的一大步。"没错，从古到今不知道有多少人曾幻想跨出这一步。

可是，从人类诞生以来，无数个夜晚，月亮就那样明晃晃地照着大地，悬浮在高空。特别是到了农历的每月十五，皓月当空，仿佛触手可及；可当你追着月光，一路找寻，又是那么遥不可及。它总是出现在一个看似你能摸得着的高度，因此我们更加着迷于它的神秘。

这种神秘，在东方文化里又变为我们对月亮的崇拜。祖先们惊奇地发现：月亮与大地上江河湖泊的潮汐变化有密切的关系，每当月亮离地球越近，潮汐变化就越明显。古人根据月亮的阴晴圆缺，制定了农历，来指导农业生产，我们至今还在用它。月亮从未缺席过我们的生活，我们很熟悉，从人类诞生以来，它就以温情的光芒注视着大地上的一切生灵。但是它又很陌生，因为人类在登月之前从来没有亲近过它。

这种距离，正好诞生了美。我们给月亮赠送了很多好听的名字。比如玉弓、夜光、婵娟、冰轮、玉桂、玉蟾、玉盘、玉镜等等。这还不够，在难眠的夜里，我们的祖先们又编织出了一个个美丽的故事：有人说后羿的妻子嫦娥偷食了西王母的仙药而奔月成仙，居住在清冷的广寒宫里，手中捧着玉兔，望着人间（刘安《淮南子·览冥训》）。还有人说，有个叫吴刚的人，因为触犯了炎帝，被罚去月宫砍一棵五百丈高的桂花树，但桂树砍了又长，长了又砍，直到现在还没有砍倒（段成式《酉阳杂俎·天咫》）。

关于月亮的故事代代相传。我想，李白的母亲也一定会在夜晚仰望星空，摇着蒲扇告诉小小的李白："当年我生你的时候，梦到了太白金星落入到了娘的怀中，所以啊，你姓李名白，字太白。"（《新唐书·文艺列传中·李白传》）天上的事，总是让孩子们好奇。当一轮朗月腾空而起漂浮在苍茫云海间的时候，伙伴欢呼雀跃："快来看啊，天空中出现了一个圆圆的玉盘！"有的伙伴会说："这哪里是玉盘？这是西王母瑶台宫殿里的一面镜子！"小孩子们在月夜里奔走相告，嬉戏玩耍，等到累了，就睡在月光里，如同娘的怀抱。

　　而多情的文人呢？一定会在夜里，继续对着月亮问：那轮遥远的月亮，到底来自何方、又去向何处呢？谁是第一个见到月亮的人呢？它圆了又缺缺了又圆，有着怎样的寓意呢？他能把思念传达给远在天涯的朋友吗？为什么在旅途中它总是一路相随呢？这些无解的问题，李白在他的一生中都在思索，一直也在赋予月亮诗性的美。

　　直到有一天美国人踏上月球，才发现那些曾幻想出来的桂花树，只不过是月球上面密密麻麻的陨石坑。上面没有嫦娥、玉兔，没有广寒宫，有的只是死寂一般的荒凉。科学家用事实颠覆了一切艺术的想象，让我们看到了真的月亮，而文人让我们看到了美的月亮，到底谁的月亮对人类更有意义呢？

06. 风

【唐】李峤

解落三秋叶，能开二月花。
过江千尺浪，入竹万竿斜。

【解说】

　　唐代大诗人李峤，是举世公认的才子。史书记载：他小时候梦见有神仙给他双笔，从此以后，文采斐然（《旧唐书·李峤传》）。二十岁时就高中进士，实现了中国古代文人一生都在追逐的梦想。在一般的文人看来，除了有神人送笔助他成功外，似乎没有其他更好的解释了。

　　安史之乱爆发后，唐玄宗在去往西蜀（今四川）逃难的路上，登上了一座高楼，让一位歌者唱歌，唱什么呢？"山川满目泪沾衣，富贵荣华能几时？不见只今汾水上，唯有年年秋雁飞"（见李峤《汾阴行》）。此情此景，配上如此伤感的歌曲，让玄宗皇帝潸然泪下。他问侍卫："刚唱的歌词到底是谁写的啊？"侍卫告诉他："正是前宰相李峤写的。"唐玄宗说："真才子啊！"（辛文房《唐才子传·李峤》）而此时，李峤已去世近五十年了。

李峤的这首《风》，是一首咏物诗。从古到今写咏物诗的人不少，如骆宾王的《咏鹅》、贺知章的《咏柳》，都是流传千古的名作。可是李峤的这首《风》诗，相较以上两首则更难写。为什么这么说呢？因为，鹅和柳树都是看得见的，它们都有直观的形象。而风呢？来无踪去无影，无色无味，你只能感受到它的存在，却无法看清楚它的形象。因此有很多与"风"相关的词语，就只可意会不可言传了，比如风格、风度、风气、风致、风流、风雅、风情、风华、风骨、风头、风神、风貌。

所以，让无形的风具象可感，就要考验诗人的才思了。如何落笔呢？李峤提笔写道："解落三秋叶。"这是风在每年的秋天里所做的事情，它们萧瑟清冷，吹落黄叶，让枯萎的生命回归大树的根本，等待下一个轮回的开始。"秋风萧瑟天气凉，草木摇落露为霜"（三国魏曹丕《燕歌行二首》其一），这是风的凉意。大诗人杜甫在长江上就见过这样的秋风："无边落木萧萧下，不尽长江滚滚来。"（杜甫《登高》）秋风在摇落着一切生命，它有点冷酷。

然而，风的个性是多面的。它有摧枯拉朽的冷酷，当然也会有起死回生的温柔。南宋理学家朱熹幻想着漫步在泗水河畔的时候，体悟到了东风暗藏的理，原来那个万紫千红的春天，就是东风幻化出的世界。"等闲识得东风面，万紫千红总是春"（朱熹《春日》），是东风让大地恢复生机，让一切生命有了亮泽的光彩。所以，"能开二月花"，这是风的善意。

风虽然无形，却暗藏着一种不可遏制的能量。想当年，汉高祖刘邦荣归故里，在故乡的土地上抒发"大风起兮云飞扬"（刘邦《大风歌》）的豪情。那风云变化，足以翻江倒海，长风破浪。"过江千尺浪"，这又是风的力量。

风又是至善至柔，柔中带刚，也能吹来动态的诗意。他能让规整的世界，有了丰富的姿态。当微风吹入竹林，万竿青竹倾向同一个方向，"入竹万竿斜"，这个"斜"字，让竹子充满了弹性和张力。那个角度似曾相识，正如杜甫诗中"细雨鱼儿出，微风燕子斜"（《水槛遣心二首》其一）；又如黄庭坚的诗句"夜听疏疏还密密，晓看整整复斜斜"（《咏雪奉呈广平公》）。

风，是自然界中普通的自然现象，本可以用物理知识解释它的存在。但是中国的诗人偏偏要用诗意的笔，赋予它情感、温度，让我们看到了风的生命：残酷中有温情，柔弱中有力量。

07.春　晓

【唐】孟浩然

春眠不觉晓，处处闻啼鸟。
夜来风雨声，花落知多少？

【解说】

　　孟浩然是一位被朝廷遗弃的才子。相传大诗人王维非常欣赏孟浩然的才华，于是"私邀入内署"，不巧的是，没过一会唐玄宗也来了，孟浩然急忙回避，躲到床下。王维瞒不住，就如实告诉了圣上，玄宗说："久闻孟浩然有诗名，可是未曾见过，有什么害怕的，还要藏起来呢？"孟浩然出来后，把自己的诗作念给皇上听，其中有一句"不才明主弃"，玄宗于是面露不悦地说："是你不努力，而我也未尝抛弃你，为什么要诬陷我呢？"(《新唐书·文艺列传下·孟浩然传》)皇帝不高兴，孟浩然就自然仕途无望了。据说，唐朝高官韩朝宗也曾想把这位才华横溢的朋友推荐给玄宗。但到了约定的时间，孟浩然却无论如何也不去了。他说："我现在喝酒喝得正高兴，哪有时间去管其他事呢！"于是韩朝宗愤然离去(《新唐书·文艺列传下·孟浩然传》)。就这样，孟浩然自己放弃了进入仕途的机会。

既然与功名无缘，那就索性放下，于是骑着毛驴，在襄阳道上寻觅诗句。那个无拘无束的天地，自然才是孟浩然安放才华的地方。诗人就隐居在自己的田园里，这样的生活虽然没有长安城里的纸醉金迷，但也有一种返璞归真的自由。那就在春夏秋冬、一年四季的轮回交替中，日出而作，日落而息。

春天的夜晚安静祥和，花儿静静地绽放，温暖湿润的芳香融入夜色，潜入每个人的梦里，让睡意更加迷醉。这样的夜晚，每个人都不愿醒来。诗人起伏不定的鼾声，沿着绵延起伏的山峦，一直与黎明的第一道曙光相遇。鸟儿清脆的啼叫，就是甜睡的解药，一声声银铃般的叫声，穿过树林，绕过屋檐，最后钻入诗人的耳朵，让尘封的睡意慢慢地解冻。"春眠不觉晓，处处闻啼鸟"，这样的苏醒不是来自于强迫的焦虑，而是自然而然的结果。那双惺忪的睡眼，就好像两朵刚刚绽放却还没有完全展开的花儿，它期待与阳光相遇。

早上的阳光终止了一夜的风雨。诗人醒来后，让他最挂念的是那些盛开的鲜花，不仅问道："夜来风雨声，花落知多少？"诗人的关注总是异于常人，他的心里只有那些不落世俗的美。南宋大词人李清照，也曾经历过一个风雨飘摇的夜晚。那天夜里，她喝了很多酒，于是把心事埋在心底、沉沉地睡去了。即便是第二天早上头昏脑胀，起床乏力，但对窗外的美，依然保持着清醒的警觉。他问那卷起门帘儿的仆人："院子里的海棠花还好吗？"仆人说道："你知道吗？花儿已被雨水浇透，一朵朵憔悴地红着，而绿叶饱吸雨水，又更加繁密了。"躺在闺房里的李清照惋惜地说出了四个字——"绿肥红瘦"。我想，那个春天的拂晓，孟浩然的心情也是如此。

　　春天还没到，我们盼春；春天过去了，我们惜春。看着凋零的花瓣，每个敏感的人，自然就会伤感。"更能消、几番风雨，匆匆春又归去。惜春长怕花开早，何况落红无数"（辛弃疾《摸鱼儿》），但又有谁能留住春天呢？要是林妹妹，一定会埋葬这些逝去的花瓣，给它们唱一首挽歌。难道落花只能让人伤感、只能让人失落吗？其实也未必，"落红不是无情物，化作春泥更护花"（龚自珍《己亥杂诗》）；"小楼一夜听春雨，深巷明朝卖杏花"（陆游《临安春雨初霁》），可见陨落的生命也有它的价值：它们见证了一个春天，同时也用自己的生命进行着美的传递，就像陆游诗中那些被刚刚摘下、又悬在卖花担上的杏花。

08. 静夜思

【唐】李白

床前明月光，疑是地上霜。
举头望明月，低头思故乡。

【解说】

"月光""思念""故乡"，这三个词走到一起，就变成了一首诗。

那是李白二十六岁那年，离开老家绵州已经两年了。他曾怀揣梦想沿着长江一路东下，来到六朝古都金陵（今南京）寻找梦想。可是事与愿违，他的才华，并没有赢得上层对他的赏识。怀才不遇的他，最终流落在扬州一家寂寞的客栈里。

那是一个秋天的夜晚，天气有点凉。窗外的月光如水一般流淌到了屋里，让他彻夜难眠。月光的清辉会让人产生一种错觉，那地面上仿佛凝结了一层薄薄的霜。好久没有看到过这轮月亮了。在金陵城里一掷千金的酒楼里，来不及看它；在朋友觥筹交错的应酬中，忘记了看它。如今一事无成，功名难觅，那轮月亮不请自来，明晃晃地悬在天空，默默地注视着诗人。它好像在问：你还记得我吗？

噢，当然记得！当年离开故乡，经过峨眉山，在平羌江的水面上就曾与你相遇，还为你写诗一首：

峨眉山月半轮秋，影入平羌江水流。

夜发清溪向三峡，思君不见下渝州。（《峨眉山月歌》）

只可惜月亮还是那轮月亮，而"我"已不是当年离开家乡的那个我了。

低下头来，一股浓浓的乡愁涌上心头：远方的家人可好？他们今晚是否也在这片月光下想着我呢？他们有没有托月亮捎带一封书信给我呢？可是月亮一句话也不说，依然一幅冷峻的面孔。这种无语的沉默，好像是对诗人虚度时光的不满。

那就把今晚的月光和思念写下来，寄给故乡的亲人吧。李白用短短的二十个字，用最简洁明了的文字，写下了这首《静夜思》，道出了我们每个人内心想说却又说不出的话。一经写成，便流传千年。它属于每一位离家在外的游子，是一首乡愁咏叹调。

其实，李白的一生和月亮有着不解之缘。他的妹妹叫李月圆，给自己的儿子起名叫明月奴。有一个传说，李白在生命的最后一天来到了长江，划着小船，喝着美酒，看到水中一弯月亮是那么美，居然"乘酒捉月，沉水中"，离开了人世（《唐才子传》卷2）。李白是一位因捉月而死的诗人，他的死居然也这么充满诗意！

　　李白的诗中更是少不了月亮,除了"床前明月光"(《静夜思》),还有"举杯邀明月"(《月下独酌》)、"明月出天山"(《关山月》)、"长安一片月"(《子夜吴歌·秋歌》)等等,可以说,李白是写月亮的高手。如果李白的诗歌没有月亮,那么他的诗歌就会少些许皎洁的光亮;如果天上月亮没有李白的诗歌,月亮也会欠缺诗意的温度。

　　到底是诗人成就了月亮,还是月亮成就了诗人呢?

09. 池 上

【唐】白居易

小娃撑小艇，偷采白莲回。
不解藏踪迹，浮萍一道开。

【解说】

在唐朝，有一个大诗人不得不提，那就是白居易。白居易是一位高产的诗人，他一生留下了三千八百多首诗。白居易在世的时候，唐朝各个地方的学校、寺庙、旅店的墙壁上，到处都题写着他的诗，男女老少都以会背他的诗为荣。有一次一个军官要招聘歌手，有个歌手傲气十足地对军官说：我可是能全篇背诵白居易《长恨歌》的啊，难道我和其他人的待遇也一样吗？《长恨歌》，那可是有840个字的长诗啊！于是这个歌手的报酬真的高人一等（白居易《与元九书》）。

白居易去世后，就连贵为皇帝的唐宣宗李忱，也写诗悼念他：

> 缀玉联珠六十年，谁教冥路作诗仙？
>
> 浮云不系名居易，造化无为字乐天。
>
> 童子解吟《长恨》曲，胡儿能唱《琵琶》篇。
>
> 文章已满行人耳，一度思卿一怆然。（《吊白居易》）

身在宫中的皇帝也知道，在民间即便是一个孩子，也会来几句白居易的《长恨歌》；就连西域少数民族的胡儿，都会唱他的《琵琶行》。白居易的诗歌风靡到了这种地步，他的去世真可谓大唐帝国不可挽回的损失啊！

有一个问题来了，白居易的诗歌怎么会这么流行啊？我告诉大家，这是因为白居易的诗歌写得通俗易懂、朗朗上口。白居易写诗有一个习惯，他每写完一首，总要把家里的一位老保姆叫来，读给她听，如果老保姆都能听懂了，这首诗才算是写好了（辛文房《唐才子传·白居易》）。正因为这样，白居易的诗在当时很受百姓的喜欢。

今天我们讲的这首《池上》就是一首通俗易懂的诗。这首诗写于白居易六十四岁那年，晚年的他退居在洛阳履道里一处风光绝佳的私家庄园。这个庄园经过白居易的精心打造，庄园里有书有酒、有琴有鹤、有石有竹、有桥有船，还有一个很大的池塘，池里种着莲花。每个莲花盛开的清晨，白居易都会来到池边饮酒弹琴。这还不够，他还要让会乐器的小童子到池塘中央的亭子上弹奏乐曲，琴声随风飘扬，越飘越远。乐曲尚未结束，白居易已经醉倒在了池边的石头上（白居易《池上篇序》）。

> 山僧对棋坐，局上竹阴清。
>
> 映竹无人见，时闻下子声。（《池上二绝》其一）

在一个夏天的午后，白居易与两位僧人朋友在竹林里乘凉下棋，忽听得棋子落入棋盘叮叮作响，可是两位高僧的身影却在竹林深处，只闻其声，不见其人。白居易正要进入竹林找他们聊天，忽然听到池塘那边传来"哗啦！哗啦"的拨水声。这是谁打扰我的雅兴呢？回头一看，一个小童正撑着竹竿，划着小艇，艇里装满了盛开的白莲花。

这个小鬼头居然偷走了我的最爱！他想学沉香偷宝莲灯劈山救母吗？沉香武艺高强，身手敏捷。可是这个小鬼头呢，肉嘟嘟的小手拿着竹竿，用尽了吃奶的劲，小艇还是在原地打转。你再看他笨手笨脚的样子，一点也不懂得掩藏自己的行迹，小船后面长长的波纹，荡开了水面上的浮萍，形成一条水路。你想瞒过谁呢（《池上二绝》其二）？

不过花儿摘了明年还会再开，有趣的童年一去不会再来。看到这个顽皮的孩子，白居易开心地笑了。他仿佛看到了自己的童年，还有那颗至今都没有丢失的童心。

10. 小 池

【南宋】杨万里

泉眼无声惜细流，树阴照水爱晴柔。
小荷才露尖尖角，早有蜻蜓立上头。

【解说】

  池塘，是中国传统园林构造中必不可少的景观。我发现很多诗人都对小池塘很感兴趣：白居易晚年在洛阳的私家花园里营造有一个小池，在那里他看到一个小童子偷走了他心爱的白莲（白居易《池上二绝》）；苏东坡也模仿白居易开凿了一个池塘，以至于那里景色太美他都忘记了回家（苏东坡《池上二首》）；杨万里家也有一个小池，在那里他发现了一个生机盎然的世界（杨万里

《小池》)。

为什么这些大诗人，不约而同地会对身边那个不大不小、不深不宽的小池塘感兴趣呢？因为那里是文人的诗意空间。就在那个半亩见方的小池塘里，诗人们可以任意布置：搬来假山，种上花草，搭上小桥，放养鱼鳖，在池塘边上可走、可观、可卧、可躺。天气晴好的时候，在池边饮酒赋诗，陪鱼儿游戏，看小草发芽。阴雨连绵的日子，也可以驻足停留，看荷叶翻舞，听一池秋雨。你甚至可以把一个池塘幻想成美丽的西湖。每个人都渴望有一个精致的空间，一个小小的池塘，对诗人来讲就是一个精神愉悦的天地，这里有文人追求的雅趣。

南宋大诗人杨万里喜欢游山玩水，更喜欢写诗。自然界的一花一草、一虫一鸟，他都要写进诗里。以至于他的朋友这样评价他："年年花月无闲日，处处山川怕见君。"（姜夔《送朝天续集归诚斋时在金陵》）什么意思呢？杨万里到处写诗，以至于花儿、月亮都没有放假休息的时候，山川、河流见了诗人都要躲着走——"杨万里啊，求求你了，不要给我们写诗了，你不休息我们也要休息的。"

杨万里肯放过他们吗？当然不肯。面对一方小池塘，他又想写诗了。从哪儿开始写呢？先写池边的泉水，因为只有源头活水，才有一片生机啊！于是有了第一句"泉眼无声惜细流"。"泉眼"，就是泉水的出口。"无声"，没有声响。"惜"，爱惜，舍不得。因为舍不得，所以泉眼里的水流很细，只有一小股泉水。这句诗这样讲：泉眼悄然无声、舍不得多流出泉水，只送出一小股清澈的泉水流进小池里。

在初夏时节，那怕只有一小股泉水，也能化解夏天的炎热，更何况小池旁边的大树还投下了清凉的影子？树荫倒映在水里，仰望晴空，享受着柔和的微风。这就是"树阴照水爱晴柔"的意思。

树荫躺在小池的怀里，一朵刚露出尖尖小角的荷花，又躺在树荫的怀里。他们把最软的温柔，献给了这朵初夏的花宝宝。这一刻，时间仿佛都已凝固，一切都安睡在午后的光阴里。

恰在这时，一只好奇的蜻蜓横飞悬停，落在了荷花宝宝的额头，它用前肢轻轻触碰着，唱起了儿歌："夏天已来到，宝宝快醒来。莫让好时光，一去不复返。诗人在岸边，空把花期猜。池中一点红，就等你盛开。"

如果我们每一个人都能像杨万里一样留意身边的自然，那么生活中到处都是美丽的风景。

11. 赠刘景文

【北宋】苏轼

荷尽已无擎雨盖，菊残犹有傲霜枝。
一年好景君须记，正是橙黄橘绿时。

【解说】

在中国古代，诗人写诗不只写给自己，还可以送给他人，这是一种十分高雅的礼物。这首诗写在苏轼五十五岁，当时正在杭州担任知州，他的好友刘景文也在这里，两人写诗唱和，友谊深厚。

刘景文是谁呢？他是北宋名将刘平的儿子，将门之后，颇有其父遗风：为人光明磊落，勇敢忠义，颇有才干。然而这样一个人才，却没有得到朝廷的重用。苏轼看到他怀才不遇，甚为可惜，就向朝廷推荐他担任隰(xí)州（今山西临汾隰县）知州。

按理说，苏轼是一个文学大家，怎么会和一个将门之后成为朋友呢？他们之间有共同的语言吗？我想告诉大家，这刘景文可是一位能文能武之人。他精通史书，喜欢古文字，能诗会文，酷爱读书，为官四十多年，几乎所有的积蓄都用于买书（苏轼《乞赙赠刘季孙状》），可以说是个典型的书痴。这就是大文豪苏轼欣赏他的原因。有一次，苏轼的小儿子大清早收了一封书信，原来是大胡子叔叔刘景文将要来家中拜访。苏轼听到消息欣喜若狂，本来有病的身体，都不用别人搀扶了（苏轼《喜刘景文至》）。人生得一知己足矣。

这首赠给刘景文的诗写在初冬时节。从哪里看得出来呢？"荷尽已无擎雨盖，菊残犹有傲霜枝"——湖面上的荷叶本来像一把把举起的雨伞，此时也枯萎了。就连菊花也凋零了，但是它的枝干，还保持着挺立风雪的姿态。

老刘啊，这个世界上有人喜欢春天——春风得意，暖阳高照，草长莺飞，生机勃勃；也有人喜欢夏天——十里荷花，一池蛙声，满天星斗，几处清凉；也有人喜欢秋天——山高月小，水落石出，风轻云淡，白露为霜。但是我想，我和你一定喜欢这个别人不会喜欢的冬天。这个季节里，看不到芍药牡丹、荷花百合，它们只适合开放在热闹而温暖的季节里。但是，秋末冬初也有好景致啊，你看那橙子黄了、橘子绿了，这可是一年好光景，应当记住啊！

12 山 行

【唐】杜牧

远上寒山石径斜,白云生处有人家。
停车坐爱枫林晚①,霜叶红于二月花。

【注释】

①坐:因为,由于。

【解说】

在中国的文化里,秋天绝对是一个最能引发诗意的季节。有人会在这个季节里不由地感伤，特别是看到落叶飘飞、黄花满地、满眼都是凋零的生命时，自然就会想到这是一个不幸的结局。诗人的情思，在这个季节里格外敏感。想当年杜甫站在夔州的高山上，看到无边无际的枝叶摇曳坠落，浩浩荡荡的长江水无语东流，他写下了千古名句：

> 风急天高猿啸哀，渚清沙白鸟飞回。
>
> 无边落木萧萧下，不尽长江滚滚来。
>
> 万里悲秋常作客，百年多病独登台。
>
> 艰难苦恨繁霜鬓，潦倒新停浊酒杯。（《登高》）

这个秋天好像是一个巨大背景，特别适合演绎自己的悲伤。

你知道吗？不同人面对秋天的心情是不一样的，有人会感伤，有人会喜悦。晚唐大诗人杜牧，就曾沉浸在一片秋色之中忘记了回家。我们先来简单地说说杜牧。他与李商隐齐名，人称"小李杜"，和"大李杜"李白、杜甫，都是唐朝第一流的诗人。他最擅长写的就是七言绝句，这首《山行》就是他的代表作。

先看第一句"远上寒山石径斜"，什么意思呢？沿着弯弯曲曲、歪歪斜斜的青石小路，登上了远处的寒山。寒山不是山的名字，而是深秋时节的山。深秋的山林和夏天截然不同，没有鸣蝉，没有绿树繁荫，只有空荡荡的山林里，偶然传来树枝跌落下来的声响，"吱呀"一声，让整个山林显得越发寂静了。在这个世界上，喜欢市井繁华的俗人，总是耐不住寂寞清冷的，而诗人杜牧呢？偏偏喜欢驾着马车，走向这处寂静的山林，因为那是他心的方向。

一声鸡叫，突然打破了寒山的萧条，在那白云飘荡的地方，隐隐约约、或隐或现几处小小的村落，那里有人家，还有傍晚时分升起的几缕炊烟，这是秋天的山林里潜藏的生机。他们的存在，化解了秋的萧条，于是就有了这首诗的第二句："白云生处有人家。"

在某些版本中，这一句作"白云深处有人家"，不是"滋生"的"生"，而是"深浅"的"深"。到底用哪个字好呢？如果是深浅的深，那么这句话就可以这样理解：在白云最浓密的地方有几户人家。如果是"滋生"的"生"，就可以这样翻译：在白云弥漫、虚无缥缈的地方住着几户人家。到底该选哪个字呢？如果单从字意的角度讲，两者均可。但从审美的角度看，"滋生"的"生"更好。因为白云滋生的样子有一种动感，和李白的诗句"水澹澹兮生烟"（《梦游天姥吟留别》）有异曲同工之妙。再者，"深浅"的"深"，是静态的呈现，缺乏一点生气，不够灵动。诗歌的语言就是这么微妙。

杜牧的秋天，除了有飘浮的白云、温暖的人家，还有一抹鲜艳的色彩，那就是万山红遍的枫叶。层层叠叠，摩挲摇曳，在夕阳的余晖中，流淌着动人的鲜红——"霜叶红于二月花"，这简直比二月的鲜花还要红上几分。一阵秋风吹过，满山红叶，点缀山的清冷；落下的则随着一泓山泉流出山外，去感受那世俗的繁华。

这样的秋天让诗人沉醉，那就索性在山路上停下车来看看这枫林晚景。我想，那天的杜牧一定看了很久，一桩桩心事，如飘零的叶子，最终都落在了地上，化为虚无，心中了无挂碍，澄澈得如同那明镜式的天空。

13. 回乡偶书

【唐】贺知章

少小离家老大回，乡音无改鬓毛衰。
儿童相见不相识，笑问客从何处来？

【解说】

我们每个人都有一个家，等到有一天我们长大了，许多人会离开那个儿时的家，奔向远方。从那以后，这个家就叫故乡。那是一个让你永远难忘，却又不能经常回去的地方。

唐朝诗人贺知章的故乡在越州永兴（今浙江萧山）。年轻时候的他发愤读书，志在四方。三十多岁离开家乡，考中了进士，而且一鸣惊人，成为状元。我想，初来长安的贺知章，一定春风得意，根本不明白那个远在越州的家到底意味着什么？他和中国古代所有读书人的命运一样，一旦考中进士做官，就很难再回到故乡，除了双亲亡故，再就是告老还乡的那一天。

贺知章深受唐玄宗的器重，他当过"皇太子侍读"，专门陪皇太子读书；还当过"秘书监"，掌管朝廷的图书。他在长安城里当官五十多年，直到八十六岁那年，才告老还乡，玄宗皇帝恋恋不舍，但又不得不让这位老诗人回去，因为人总是要"落叶归根"，回到那块出生的土地上去的。

诗人回家了。西北长安的黄土地被慢慢抛在了身后，高亢激越的秦腔声依稀淡尽，故乡的影像越来越清晰。一艘乌篷船顺着小桥流水，摇碎了黑砖白墙的倒影，载着诗人进入到了江南的画境。油润的空气混合着一丁点梅干菜的清香，迎面而来。乌毡帽、油纸伞，不经意地出现在两岸幽深的巷子里。沿河酒楼里软媚悠长的越剧，透过雕花的窗棂，化作酒垆上的一缕青烟，又随风飘远——故乡一定要是我梦里的样子。

"来一碟茴香豆，二两花雕酒！"酒馆里的一声吆喝，一下子把诗人带到了五十年前告别亲友的饭桌上。这是熟悉的声音，这是熟悉的味道，可是曾经熟悉的人呢，今天还在那里吗？不可能了，人世间有几个人能等到一位离家五十多年的游子啊？即便是他们还活着，也一定认不出连鬓角的头发都快掉尽的老人，就是当年那个踌躇满志、志在四方的贺知章了。一定认不出了。或许……也不一定，我还有一口乡音未改，还是年轻时的语调——"少小离家老大回，乡音无改鬓毛衰"啊！

船儿停在心灵的港湾，诗人终于上岸了。带上几件简单的行李，穿上落满风尘的客袍，引来许多陌生的面孔打量着这位来自异乡的老人。几个难得见世面的儿童围过来，笑脸相迎，满身稚气地问道："老爷爷，你从哪里来，到谁家做客呢？"——"儿童相见不相识，笑问客从何处来？"

诗人笑着回答："问得好，问得好啊！"一股热泪潸然而下，这是含泪的微笑。五十多年寓居长安，反认他乡是故乡。如今回到故乡，反被当成前来做客的异乡人,真是一世的荒唐啊!

　　说完后,诗人踩着青石板,穿过光影斑驳的巷子,走向了镜湖前面的家。那扇梦中敲了千百遍的家门,只等诗人缓缓地推开。

14. 赠汪伦

【唐】李白

李白乘舟将欲行，忽闻岸上踏歌声。
桃花潭水深千尺，不及汪伦送我情。

【解说】

在今天这个通信发达的时代，人与人之间的沟通变得很容易，可以说，没有你联系不到的人，只有你不想联系的人。正因为联系一个人很容易，所以我们对离别不会有太多的在意。可是在古代呢？车很慢、马很慢、邮件也很慢（木心《从前慢》，《云雀叫了一整天》，广西师范大学出版社2009年版），联系一个朋友是一件很困难的事，所以人们对于离别就看得尤为重要。"黯然销魂者，唯别而已矣"(江淹《别赋》),人世间最让人失望难过的,莫过于离别啊!

李白二十四岁离开故乡,四处漫游,一生足迹遍布大半个唐朝的疆域。他一路遇到多少次离别,恐怕连他自己都说不清楚。但是每次与好友分别,他总会赋诗一首作为礼物赠送给朋友。孟浩然要去广陵(今江苏扬州),李白写下了"故人西辞黄鹤楼,烟花三月下扬州";王昌龄被贬到龙标(今湖南怀化市洪江区),李白赋诗"我寄愁心与明月,随君直到夜郎西"。正是深厚的友情,才酝酿出了这许多世上最唯美的诗歌。

李白五十五岁那年去池州(今安徽贵池县)游玩。有一天,他收到了一封书信。谁写的呢?是泾县(今属安徽)名士汪伦。汪伦得知消息,曾经名动京城的翰林供奉李白就在离他不远的池州,要是能邀请他到泾县游玩,那是多么荣幸啊。于是就写了一封充满着诱惑的邀请信,信是这样说的:"先生喜欢游山玩水吗?我们这里有十里桃花。先生喜欢喝酒吗?我们这里有万家酒店。"我们知道,李白一生都在游历,游山玩水的机会怎么能放过呢?再说喝酒,那更是李白的最爱,杜甫都写诗这样评价他:"李白一斗诗百篇,长安市上酒家眠。天子呼来不上船,自称臣是酒中仙。"(杜甫《饮中八仙歌》)

李白欣然前往。到了泾县,汪伦如实告诉他,我说的桃花,不是真的桃花,而是我们这一处潭水的名字叫"桃花潭"。我说的万家酒楼,并不是有一万家酒楼,而是有个姓万的人家开的一家酒楼。李白一听哈哈大笑——想见我你也真是煞费苦心啊(袁枚《随园诗话补遗》)!

汪伦书信中是善意的欺骗,但是对李白的敬仰那是真实的。李白在泾县的几天里,汪伦好生款待,又给李白名马八匹、锦缎十匹。一个素昧平生的朋友能够如此对他,李白深受感动。就在李白离开泾县、坐船离去的时候,忽然听到岸边的小道上传来一阵歌声,那是汪伦声音,他一边唱一边用脚踏着地打着节拍,随着小船,缓缓前行:

南山有花年年开,开遍南山等你来。

　　来时但愿君未老，老酒一壶登高台。

李白向岸边招手，汪伦送完了五里又五里，送完了十里又十里。你看那桃花潭水，即便深有千尺，哪里比得上汪伦送别我的情意深呢？小船走远了，只留下汪伦和南山上年年失望但又年年盛开的桃花。

15. 草 (《赋得古原草送别》^① [节选])

【唐】白居易

离离原上草, 一岁一枯荣。

野火烧不尽, 春风吹又生。

【注释】

①赋得: 古代士子应试时所作的命题诗。因为诗题选取已有的成句, 所以题目中冠以"赋得"二字。

【解说】

白居易是唐朝的大诗人, 他有姓、有名、有字、有号。"白"是姓, "居易"是名，"乐天"是字。白居易晚年居住在洛阳的香山，一心向佛，于是给自己起了一个号叫"香山居士"。他还喜欢喝醉酒吟诗，所以又给自己起了个号叫"醉吟先生"。古代文人的号，就相当于今天的网名，用来标榜自己的个性。

　　关于白居易的名字，还有一个有趣的故事：白居易年轻的时候想考进士，就去长安把自己诗歌投送给一位达官贵人。那位达官贵人看到"白居易"这三个字时，不禁呵呵一笑："白居易啊白居易，帝都长安的房价这么高、米价那么贵，居住在京城里可不太容易啊！"等到他看到白居易的诗"离离原上草，一岁一枯荣。野火烧不尽，春风吹又生"时，大吃一惊，对白居易说：你的诗写得这么好，住在哪里都不难啊（辛文房《唐才子传·白居易》）！

　　这首诗原本的题目是《赋得古原草送别》，是白居易十六岁参加考试时的创作，因为有"赋得"两个字。另外这首诗课本里只有四句，而原本有八句。如果白居易知道我们删减了他的诗，并断章取义，他一定会生气的。全诗如下：

> 离离原上草，一岁一枯荣。
>
> 野火烧不尽，春风吹又生。
>
> 远芳侵古道，晴翠接荒城。
>
> 又送王孙去，萋萋满别情。

"离离"，青草茂盛的样子。你看那原野上青草茂盛翠绿，无边无际。一年之内，在秋天就会枯萎一次，在春天就会茂盛一次，年年岁岁都是如此，原野上的大火怎么可能把它们烧得一干二净呢？每当春风吹来的时候，小草又会发芽，从泥土里顽强地拱出来。如果只有这四句，我们一定会说：白居易写这首诗，一定是在赞美野草的生命力吧：你看野草的生命力多么强大！即便被野火烧尽了，也会在来年春天长出新芽。

　　如果我们这样理解这首诗，白居易一定被气哭的！他一定会对我们说：请看完这首诗的后面四句再来说！后四句写什么呢？你看那野草的清香，弥漫在送别友人的古道上；明丽翠绿的草色，映衬着荒凉的古城，又要送友人远去了，那一路浓郁的绿，格外哀伤。

读到这里，我们就会明白，白居易这首诗的重点，不是在写野草的精神，而是在写送别友人的感伤。白居易写"野火烧不尽，春风吹又生"，并不是在夸赞野草的生命力，而是在告诉大家：野草烧尽了，明年春天还会有。可是我送别的那位朋友呢，有可能一去不返，永远不会再见面了。这才是这首诗的含义，你读懂了吗？

16. 宿新市徐公店

【南宋】杨万里

篱落疏疏一径深，树头新绿未成阴。
儿童急走追黄蝶，飞入菜花无处寻。

【解说】

南宋大诗人杨万里号"诚斋"。这个号是怎么来的呢？杨万里在永州做官时，正巧遇到大学者张浚，杨万里前去拜访，张浚告诉他做人、做事、做学问就一个字——"诚"，于是杨万里就把自己的书房起名为"诚斋"，干脆连自己的号也改成了"诚斋"（《宋史·儒林列传三·杨万里传》）。

"诚"是什么意思呢？诚就是虔诚、真诚、有诚心。杨万里做到了，他对诗歌艺术的追求可谓用心良苦。三十五岁那年，他觉得早年的诗歌都是在模仿别人，于是就把已经写好的一千多首诗全部烧掉了。五十四岁时他还在问自己：我的诗歌比以前真的有进步吗（杨万里《南海集序》，辛更儒《杨万里集笺校》〔第6册〕，中华书局2007年版）？杨万里活了八十岁，一生创作了两万多首诗歌，传世作品有四千二百多首，被誉为一代诗宗。他的诗歌以描写自然景物见长，由此创造了语言浅近明白、清新自然且富有幽默情趣的"诚斋体"。这就是他对诗歌艺术的诚意。

杨万里作诗悟出了一个道理：模仿别人的诗歌只能是死路一条，他要用幽默机智的语言，描写生动活泼的自然，这就是"诚斋体"最显著的特点。在杨万里看来，天地自然中的一枝一叶、一花一鸟无不充满着情趣，杨万里喜欢为它们写诗。他的朋友曾幽默地评价杨万里：你那么爱写诗，山川花月都被你写烦了，见了你都要躲着走，真是"年年花月无闲日，处处山川怕见君"啊（姜夔《送朝天续集归诚斋时在金陵》）。这首《宿新市徐公店》可以说集中体现了"诚斋体"的特点。

看到这首诗的标题我们就知道，当时的杨万里在杭州北边的新市镇（今浙江德清县新市镇），留宿在徐公开的酒店里，想必那天他一定是醉了。清明前的新市，气清景明，一派春和气象。满山遍野的油菜花，吐露着金黄色的芬芳，故意招惹着蝶儿、蜂儿前来挠痒。

酒店外面熙熙攘攘的人群，在为清明的到来而忙碌着，骡马的叫声，小贩的吆喝声，小孩的啼哭嬉闹声，在诗人微醉的大脑里，一一都略过了。只看到窗外微微的南风湿润而温暖，一张张高悬在酒楼上的幌子，在那里略不经意地招摇着，客人还没来，它们倒是先醉了。远处的风筝，也被南风撑起，一条弧线松紧适度地托在身后，在空中隐约可见，那是风筝最惬意的姿势。

酒店旁边疏疏落落的篱笆，伴着一条小路通向树林深处。树上的花儿落了，可嫩叶才刚刚长出，还没有浓密的树荫。阳光透过树叶的缝隙，光影碎了一地。于是有两句诗自然来到了诗人嘴边："篱落疏疏一径深，树头新绿未成阴。"这是清明前再普通不过的风景了,这有什么好写得呢?

　　正在这时,一群孩子欢快的笑声,让诗人的精神为之一振。对杨万里来讲,孩童的笑声那就是醉酒的解药。他们在金黄的油菜地里,欢快地追逐着款款飞来的黄蝶。但蝴蝶哪有那么容易被捉到呢?它左闪右躲,孩子们刚刚够着,却又在指缝中溜走,或者一个急速地下坠,躲进了金灿灿的油菜花里,让孩子们无法辨别。当一群天真的儿童,遇到一只机智的蝴蝶,这个春天该是多么的有趣啊!我喜欢那群天真的孩子,还喜欢那只机智的黄蝶,更喜欢这位童心未泯的诗人,因为,他们在一起就是春天里最美的风景。

17. 望庐山瀑布

【唐】李白

日照香炉生紫烟，遥看瀑布挂前川。
飞流直下三千尺，疑是银河落九天。

【解说】

　　讲这首诗之前，不得不讲唐朝的道教文化。道教是我国的本土宗教，这个教派信奉老子、亲近自然、追求神仙的逍遥。到了唐代，这个教派蔚然成风，变成了国教。为什么呢？唐朝的天子姓李，春秋时的老子也就是被道教奉为教主的老聃也姓李，他们就把老子当成了自己的祖先，而且尊封他为"太上玄元皇帝"。因为有皇帝的推崇，所以道教的地位非常高，甚至高过了佛教。许多人通过当道士，成了皇帝的座上宾，地位显赫。

大诗人李白就是一个道教的信徒，而且他还参加过入教仪式，是一名正式在编的道士。李白有一个神仙梦，他曾去过峨眉山、青城山、终南山、嵩山、泰山、天台山、庐山，这些都是道教的圣地。他在这些名山中寻仙访道，炼制仙丹，一心想要长生不老。正如他的诗歌所说："五岳寻仙不辞远，一生好入名山游。……早服还丹无世情，琴心三叠道初成。遥见仙人彩云里，手把芙蓉朝玉京。先期汗漫九垓上，愿接卢敖游太清。"（《庐山谣寄卢侍御虚舟》）他甚至幻想在青山绿崖间，放养一头白鹿，骑着它说走就走，遍访名山大川（见《梦游天姥吟留别》）。李白对神仙的追求，让他具有了一种仙风道骨的气质，老诗人贺知章第一次看李白的文章，大为惊叹，直呼"谪仙人"，直把他当成是天上落入凡间的神仙（《新唐书·文艺列传中·李白传》）。

在李白的一生中，五次登上庐山。绵延的庐山像一道天然的屏障矗立在长江边上，那里是道家修炼的绝佳胜地，是道教三十六洞天的第八洞天。庐山上道观林立，福地洞天，云雾缭绕，常常伴有神仙的传说。那些穿着白衣长袍的道士，隐居在山林石洞中，与麋鹿为伴，与仙鹤为友，在天地自然间呼吸吐纳，采得日月精华。刚刚还能在山崖边看见他身轻如飞、飘逸绝尘的身姿，一阵雾霭过后，又不知所终。

这个仙气飘飘的庐山，正是李白向往的地方。每个庐山阳光晴好的清晨，一轮红日就会把香炉峰上的白云照得紫气升腾。香炉峰或隐或现，就好像道士挥动的拂子下升腾的丹炉。远看那条从九重天上飘洒而下的瀑布，像一条白练挂在山川之间。高山泉水从断崖一跃而下，连跌三级，奔赴深渊，崖壁溅起的水珠，在阳光下晶莹剔透，好像银河里无数的星星洒落凡间。转眼之间，这些星星随风化为雾气，又随庐山的云雾飘远了。"飞流直下三千尺，疑是银河落九天"，古往今来，这是描写庐山瀑布最好的诗句了。

有人会说，三千尺到底有多高呢？唐代的一尺相当于今天的30.7厘米。三千尺大约900多米，是一座300层大楼的高度。而今天实际测量，庐山瀑布只有155米高，远比诗中"三千尺"要低很多，是李白写错了吗？不能这样理解，这是文学艺术的夸张，也是李白惯用的艺术手法。

在他的诗中有最高的山："天台四万八千丈，对此欲倒东南倾。"（《梦游天姥吟留别》）

在他的诗中有最深的潭水："桃花潭水深千尺，不及汪伦送我情。"（《赠汪伦》）

在他的诗中有飞得最高的鸟："大鹏一日同风起，抟摇直上九万里。"（《上李邕》）

在他的诗中有最长的头发："白发三千丈，缘愁似个长。"（《秋浦歌十七首》其十五）

为什么李白的诗中有这么多夸张的描写呢？因为他的胸怀大、气魄大、境界大，所以他眼中的世界就很大。就是他胸中那股不可遏制、心雄万夫的豪情，支撑起了一个空前巨大的世界，这是别的诗人不曾拥有的。

18. 绝 句

【唐】杜甫

两个黄鹂鸣翠柳，一行白鹭上青天。
窗含西岭千秋雪^①，门泊东吴万里船^②。

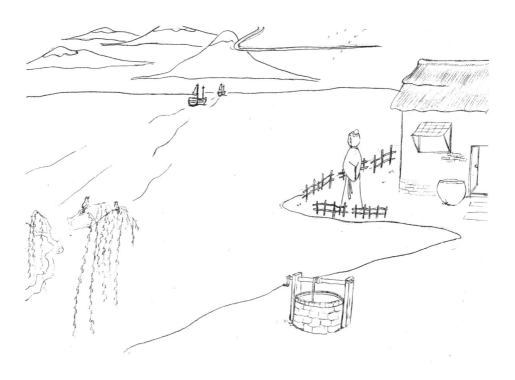

【注释】

①西岭：指成都西南的岷山。 ②东吴：指长江下游的江苏一带。

【解说】

今天，但凡对中国文化有一点了解的人，都会知道唐朝大诗人杜甫的名字，他是中国一流的诗人。但是大家知道吗，历史上赫赫有名的杜甫，在他五十九年的生命里，并没有得到世人的认可，他活得寂寞，死得消沉。直到他去世后将近半个世纪，他的伟大才被世人发现。这不能不说是一件很遗憾的事。

　　如果说李白的诗歌来自于他的天赋和豪情，那么杜甫的诗歌就来自于他的流亡和苦难。不了解杜甫一生的经历，就没法读懂他的诗。年轻时的杜甫有一颗志在四方的雄心，他曾经离开家乡巩县（今河南巩义市）南下吴、越，北上齐、赵，在今天浙江、江苏、山东、河北一带漫游。当他路过"五岳之首"的泰山时，曾暗暗立下志向——"会当凌绝顶，一览众山小。"（《望岳》）

　　杜甫理想远大，可是在现实生活当中，却处处碰壁。他三十五岁那年，来到长安城寻找机会，但此后整整十年时间里，"读书破万卷，下笔如有神。赋料扬雄敌，诗看子建亲。李邕求识面，王翰愿卜邻。自谓颇挺出，立登要路津。致君尧舜上，再使风俗淳"的杜甫，既没有考中进士，更没有获得功名，日子过得没有尊严。用他的诗句来说，那就是"骑驴十三载，旅食京华春。朝扣富儿门，暮随肥马尘。残杯与冷炙，到处潜悲辛"（《奉赠韦左丞丈二十二韵》）。等到他好不容易谋得了一个小官时，盛唐帝国却又被安史之乱彻底打乱了格局，大唐盛世一去不返。杜甫只好一边做官，一边带着家人四处逃难。当一个小官的俸禄还不足以维持家人温饱、甚至不能保全自己的幼子时，他被迫弃官而去，带着家人先后在今天的陕西、甘肃、四川、湖南一带流亡，最后病死在一条去往岳阳的破船上。杜甫的一生都在漂泊，本以为他死后就可以落叶归根了，可是他的遗体却只能暂存在岳阳的一座寺庙里，直到四十三年以后，他的孙子才拿着讨来的盘缠，将杜甫安葬在了今天河南偃师的首阳山上。可以说，杜甫生前在漂泊，死后仍在漂泊，这是一种怎样的不幸啊！或许正是这样的苦难和不幸，才能酝酿出他那刻骨铭心的诗歌。

　　杜甫的这首《绝句》写在成都，那是他流亡途中难得的一段安闲时光。诗人在成都郊外的浣花溪畔修建了一处草堂。生活有了初步的保障，他就可以放下身心的疲顿，静下心来感受自然的美景。这首《绝句》仿佛就是诗人拿起画笔在作诗。

那就先画上江边几棵弯腰的柳树，用狼豪细笔勾勒出柔软而富有弹性的柳条吧，让它们随风婀娜，顺着风的方向。然后再用浓郁的鹅黄色在柳树枝头轻轻两点，让一对黄鹂鸟赋予生机，去争夺一处阳光最暖的枝头。

接着，杜甫还会在图画的上方，用长锋羊毫笔涂抹出一个最深邃的蓝天，那里一行白鹭迎风高翔，朝着天空最远的地方进发，就让它们一点点地消失在青天之外吧，那是一场没有尽头的远征。

在这幅图画中，还要画上成都西南岷山上千年不化的白雪，让它们永远出现在窗外。当然，还有门外江面上来自东吴的万里航船，它们也把这儿当成了漂泊途中的港湾。谁不想有个温暖的归宿呢？

杜甫的画画完了，诗也写完了。他没有告诉你他的心情如何，也没有在诗中隐含深刻的思想让你去挖掘。他只是把一个自在、清明、澄澈、广阔的世界呈现了出来，这就是他内心适意的地方啊！

19.江 雪

【唐】柳宗元

千山鸟飞绝，万径人踪灭。
孤舟蓑笠翁，独钓寒江雪。

【解说】

　　在中国文人的眼里里，钓鱼是一种有特殊意味的行为。想当年，姜太公拿着一根鱼竿，在渭水河畔钓鱼。鱼竿短，鱼钩直，而且离水面三尺，这样怎么可能钓着鱼呢？显然他不是为钓鱼而来。他的举动引起了周文王的注意，一番交谈后，文王大喜，得到了这位足智多谋的奇才。在姜太公的辅佐下，周文王、周武王推翻了没有仁德的商纣王，一个伟大的周朝诞生了。姜太公用他的鱼竿，钓到了赏识他的人，这是他的智慧。

到了周朝末年的战国时期，也有一个人在濮水河畔钓鱼。此人居住在穷困简陋的巷子里，终日以编织草鞋为生，面黄肌瘦。但是他的笔下有飞上九万里高空的大鹏，还有一双能看透生死的眼睛，据说他的老婆死了，竟然鼓盆而歌（《庄子·至乐》）。楚王知道他的才华，于是就派了两位使者先行前往去请他做官。谁知他持竿不顾，反倒给使者讲起了故事：楚国有一只神龟死后被供奉在了庙堂之上，这只乌龟宁可死后过这样的生活呢？还是想活着在泥涂中自由自在地爬行呢？两位使者异口同声：当然想自由自在地爬行啊。庄子说：我也一样。你们还是回去吧（《庄子·秋水》）。这个人就是庄子。他的那根鱼竿至今还停留在每个中国文人的脑子里，他的钓鱼是一种行为艺术，象征着遗世独立、无拘无束的自由。

唐代诗人柳宗元的《江雪》中也有一个渔翁，蜷缩在冰天雪地的渔船里，他手中的鱼竿被江上的风雪凝固成了一个固定的角度，像一座雕塑，正在被风雪一点点地吞没。"千山鸟飞绝，万径人踪灭"——这样的场景似曾相识，如张岱笔下那个"大雪三日，湖中人、鸟声俱绝"的西湖："天与云与山与水，上下一白。湖上影子，惟长堤一痕、湖心亭一点，与余舟一芥、舟中人两三粒而已。"（《湖心亭看雪》）一场江上的大雪，竟然让整个世界悄无声息，它冻住了江中的流水，抹去了鸟儿的身影，掩盖了行人的踪迹，锁住了诗人的哀愁。

"孤舟蓑笠翁，独钓寒江雪"。在这样的情景中，世间的凡人都不愿意出来，而这位渔翁却偏偏走向这个无人之境。他在天地间到底找寻什么呢？我想，只有柳宗元才能知道。此时的他因政治改革失败，被流放到永州（今属湖南）这个当时的偏远荒蛮之地。现实一片狼藉，比这个冬天还要寒冷几分。朝廷里宦官专权，飞扬跋扈，操纵着禁军，无所顾忌。有时借皇宫采购物资为名，公然到市场掠夺。而地方上呢？各地官员横征暴敛，恣意妄为，百姓惨遭盘剥，举步维艰。不仅如此，藩镇割据，欲望膨胀，他们威胁着长安城，即便连德宗皇帝，都要时刻准备着仓皇逃命。

　　"长太息以掩涕兮，哀民生之多艰"（屈原《离骚》），当苦闷与寒冷相遇，一场漫天密集的飞雪就会到来，一层层地压在渔翁弯曲的脊背和冻僵的鱼竿上。明哲保身的人隐退了，他们假装睡去，没人能喊醒他们；而那些良知未泯的人，偏要走进这冰天雪地，保持自己的高洁和清醒。柳宗元笔下的渔翁，似乎不是在学姜太公找寻政治机遇，也可能没空去学庄子的逍遥，他大概是在茫茫世界里寻找一位能明白他良苦用心的知己吧！

20. 夜宿山寺

【唐】李白

危楼高百尺^①, 手可摘星辰。
不敢高声语, 恐惊天上人。

【注释】

①危: 高。

【解说】

这首诗的发现非常偶然。北宋年间，曾阜在蕲(qí)州（今湖北蕲春县境内）黄梅当县令，曾去峰顶寺游玩。峰顶寺距县城一百多里，位于群山环抱之中，人迹罕至。就在寺庙昏暗的横梁上，有块木板，上面落满尘埃，但依稀辨得上面有几行大字。曾阜拂去灰尘，借光一照，发现这些字迹豪放飘逸，正是李白的《题峰顶寺》诗，原诗这样写：

> 夜宿峰顶寺，举手扪星辰。
>
> 不敢高声语，恐惊天上人。（赵令畤《侯鲭录》卷2）

诗歌的题目和句子，与我们今天流传的这首《夜宿山寺》略有差别。到底哪首更接近原作，我们不去考论。但可以肯定的是，李白的这首诗写在寺庙的夜里，那是一个特殊的地点，也是一个特殊的时刻。

寺庙是佛家弟子的清修之所。古往今来，那些看破红尘世俗的高僧大德，往往隐居于此，以青灯古佛为伴，只为获得如来的真谛。有一副对联写得好："庙内无僧风扫地，寺中少灯月照明。"它的神秘与清幽，吸引着每位与佛祖有缘的人。一些诗人把悟到的禅理化为诗句，题写在寺院的墙壁上，成为佛教文化中的一道靓丽风景线。

和李白同时代的诗人常建，就以一首《题破山寺后禅院》让世人铭记：

> 清晨入古寺，初日照高林。
>
> 曲径通幽处，禅房花木深。
>
> 山光悦鸟性，潭影空人心。
>
> 万籁此都寂，但余钟磬音。

当时正是清晨的阳光透过林木，光影斑驳；鸟儿的啼叫婉转清扬，顿开智慧。

潭中的泉水清冷纯静，空照人心。寺院的钟磬声声警醒，点破红尘。常健的这首诗为后代写寺庙的诗歌，树立了一种美学的范式：意境清冷，格调高古，蕴含禅意。李白的这首《夜宿山寺》，是否也在遵循这样的美学范式呢？

细读此诗，我们发现并非如此。李白是用他道家的想象、诗人的夸张，构建出了一个离天咫尺、让人不寒而栗的空中楼阁。所以在李白的这首诗中，你的内心不会生出常建诗中的那种幽深恬静的禅意，反而会有一种颠倒恐怖的颤栗。先看第一句："危楼高百尺，手可摘星辰。"这个"危楼"是"高楼"的意思，并非指一个快要倒塌的楼。正因为楼高百尺，就让人产生一种视觉的眩晕。当你踩着台阶，依势而上时，也能体会到如履薄冰、如临深渊的危险。我想，在这个时刻，一般的俗人惴惴不安但求自保，怎么可能降伏其心、超越生死去参透佛理呢？

李白能做到吗？李白做不到。身处其中的他，也为之惊愕，不敢大声说话。为什么呢——"恐惊天上人。"天上人，天上的神仙。高耸的楼顶上方，那里是神仙的居所，凡人哪敢惊扰他们的美梦！我想，那个夜里，李白卧榻而眠也不会踏实。睡梦中的他，摘下星斗，在雷鸣电闪的呼啸中，天门缓缓打开，蔚蓝的天空深邃无垠，日月的光芒照耀着七宝楼台。云中的神仙，以风为马，密密麻麻，纷纷而下。这让李白为之一惊，从梦中醒来（《梦游天姥吟留别》）。

谁让我是一位道教的信徒，偏偏借宿在佛家的寺庙里呢？

21. 寻隐者不遇

【唐】贾岛

松下问童子，言师采药去。
只在此山中，云深不知处。

【解说】

贾岛是晚唐时期一位风格独特的诗人，他有一个标签，那就是"苦吟"——即苦苦地寻觅诗句。别人写诗靠才学，他写诗用心血。他曾这样说自己的写诗过程——"两句三年得，一吟双泪流。"（《题诗后》）五代后唐冯贽的

《云仙杂记》卷4记载：贾岛在除夕之夜，总是摆出自己一年的诗作，然后用酒肉祭祀它们。为什么这样做呢？贾岛说：因为这些诗耗费了我的精神，所以必须要用酒肉大补一下。

他还有一头走心的毛驴。贾岛初次在京城里参加科举考试时，一天，他在驴背上猛然想到了一句诗："鸟宿池边树，僧敲月下门。"想用"推"字，又想用"敲"字，反复思考没有定下来，于是便在驴背上忘我地吟诵，并不停地比划着"推"和"敲"的动作，不曾想驴子居然撞上了大文豪兼大官人韩愈的车马。这一撞，居然撞出了一段文坛佳话，他与韩愈因为诗歌成为知己，一时间，贾岛声名大作（宋胡仔《苕溪渔隐丛话·前集》卷19引《刘公嘉话录》）。但是他的文采并没有让他走上一条通天坦途，仕途坎坷的他，终生只做过一些不入流的小官，最后客死在普州（今四川安岳县）的任所。一个一生不得志的人，一定有他内心的苦闷。贾岛常常感叹："知我心的人，只有终南山紫阁峰和白阁峰上的隐士了。"（《唐才子传·贾岛》）

隐士隐居深山、忘却世俗，世人难以理解他们的选择，同样，他们也不能理解世人的执着。俗人追求功名，追求财富，恨不得拥有整个世界。而隐士们呢？追求自然，和光同尘，巴不得全世界都把他们忘了。走进他们的天地说说话，胜似一场精神的救赎。是时候来一场说走就走的旅行了，依旧骑着他那头走心的驴子，"嘀嗒、嘀嗒"，穿过咸阳的古道，一直通往古松苍翠的深山，去那里找一位旧时相识的隐士。

隐者的草庐越来越近，一位童子闲坐松下，远远地朝来客挥手。朋友仿佛近在咫尺，内心的期待呼之欲出。可是童子的一句话，速冻住了他那颗怦怦跳跃的心——"言师采药去。"这难道要让贾岛乘兴而来、兴尽而返吗？这一句话瞬间拉远了他和隐者之间的距离。

童子接着又说："只在此山中。"这让贾岛怅然若失的神情中隐现一道光亮，不免窃喜，希望慢慢升腾。就在这时，童子却又冷不防补了一刀："云深不知处。"师傅神龙见首不见尾，近在眼前却远在天边。这把贾岛的那颗起伏不定的小心脏几乎彻底击碎，所有幻想都化为远山深处虚无缥缈的云烟。这简直是越近越远。寻隐者不遇，则不遇而已矣，却把一童子来作波折，"一遇一不遇，可遇而终不遇，作多少层折"（明末清初徐增《而庵说唐诗》）。

这首诗只有二十个字，字句简单明了，没有优美的形容词，也没有夸张的动词，一切平白道出，略不经意，就好像是在记录一个小小的生活片段。但就是这二十个字的组合中，曲尽其妙，末了，还留下一个言有尽而意无穷的尾巴。读者的期待，不因为贾岛的失望而停止，诗意还在延续。我们的目光，沿着松树下童子手指的方向，看到远山如黛，"云青青兮欲雨，水澹澹兮生烟"（李白《梦游天姥吟留别》），那是诗意最浓的地方，凝结着我们最美的联想。

正因为隐者找不到，恰恰成就了这首诗的空灵，也让隐者显得更加神秘和高雅。如果贾岛一去问童子："你家师傅在吗?"童子说："师傅在啊，他正在念经呢!"你会顿时觉得这位隐者俗不可耐，此番寻找也就索然无味，中间没有任何诗意可寻了。

其实，"找不到"何尝不是一种美呢!

22 画　鸡

【明】唐寅

头上红冠不用裁，满身雪白走将来①。
平生不敢轻言语，一叫千门万户开。

【注释】

①将：助词，无实际意义。如"走将进去""打将出来"等。

【解说】

每个有农村生活体验的人都知道，有两种家禽最令人恐惧：一种是公鸡，一种是公鹅。它们是天生的斗士，任何一个胆敢接近它们领地的儿童，在它们眼里都是潜在的挑衅者。家住南方的孩子往往遇到的是公鹅，假如与公鹅狭路相逢，聪明的孩子第一反应就是掉头就跑——别惹它。因为它在看到你的时候，就已经摆出了战斗的姿态，它会伸长脖颈、拍打双翅直面逼来！它的战斗力不亚于一条狗。它硬硬的像钳子一般偏平的喙（嘴巴），会专挑你身上最软的那块肉拧下去。

北方的孩子在农家院里，最害怕的就是那一只只威风凛凛的公鸡。它们身穿雪白的战袍，头顶红色、锯齿状的冠子在转头低头间微微颤动，它们迈着坚定有力的步伐，每走一步都显得极为慎重。"头上红冠不用裁，满身雪白走将来"，唐伯虎的这句诗，是为图画上的公鸡而题写的，他刻画的不只是公鸡的外貌，还有那种英气逼人的精神。

公鸡和公鹅各自的战斗方式有很大的区别，如果说公鹅是一个直来直去的武夫，那么公鸡就是一个善于谋划的将军。当有人闯入它的禁地时，它会审时度势，来回踱步，胸前的翎毛贴着地面，锋利的爪子装作在地里刨食，而实际上，它在慢慢地靠近你，并用侧脸上一只犀利的眼睛衡量你的战斗力。在这个时候，最正确的做法是你要怒目而视、大声呵斥，即便还是被啄了，至少你的姿势会比落荒而逃要显得好看一点。

但是一般的孩子哪有这个勇气？当看到公鸡翎毛呲起、嘴里发出沉闷的"咕咕"声时，早就被吓得魂飞魄散了。这时，你已经在气势上输给了公鸡。当你"丢盔弃甲"转身逃跑时，就变成了公鸡追击的逃兵。你心脏的跳声，很快会被一种沉甸有力的脚步声掩盖，随之而来的就是公鸡腾空而起的利爪，还有带着尖钩的嘴刺向你的身体。这种刺杀虽不会致命，但是也足以在你童年生活中留下恐惧的阴影。消除这种阴影最快意的方式，莫过于外婆端来的一碗香喷喷的公鸡汤。

等你长大了你才发现，其时公鸡死得挺冤！你小时候的调皮，侵犯了它的领地，它的争斗就是在保卫家园、抵抗外敌啊！从没见哪只公鸡会主动冲进你的家门来找你单挑的, 这么说来, 公鸡还是英雄呢。可是到头来还不落好, 反倒被熬成了一锅鸡汤, 真是冤枉! 所以, 古人为它重新正名, 并且封它为"五德之禽"。

公鸡有哪五种德性呢? 头戴高冠, 器宇轩昂, 像一位文质彬彬的君子, 有文德; 脚爪后长着凸起的距, 像一位崇尚武力的将军, 有武德; 当有外敌入侵, 毫不退缩, 有勇德; 带着鸡群四处觅食, 找到食物, 先召唤同伴, 有义德; 在每个清晨, 总是负责报时, 按时鸣叫, 唤醒世人, 有信德。所以公鸡被称为"五德之禽"(《韩诗外传》卷2)。

"平生不敢轻言语, 一叫千门万户开"——清晨那一声嘹亮的号角, 足以划破黎明前的黑暗, 迎来彤彤红日, 千家万户又开始了新的一天。从这个角度讲, 公鸡又是光明的使者。

23. 敕勒歌

北朝民歌

敕勒川^①，阴山下，天似穹庐，笼盖四野。
天苍苍，野茫茫，风吹草低见牛羊。

【注释】

①敕勒：中国古代北方的一个渔猎游牧部落，又称赤勒、高车、回鹘、狄历、铁勒、丁零（或丁灵），南北朝时期居住在北齐的朔州（今山西北部）一带。

【解说】

　　一个人的一生中，应该去一趟草原。如果你不曾和草原相遇，那你永远都无法理解"辽阔"这个词的内涵，当然，你也就永远无法理解一种美——那种像蒙古长调一样，悠远、曲折、深邃、苍茫而又穿透心灵的美。

　　但是，即便蒙古人的长调祖祖辈辈唱到现在，也没有穿越草原的辽阔，它依旧徘徊在阴山脚下、敕勒川前，那个孤独的牧马人身上。一望无际的草原，会以你为中心向四方延展，一直到大地的尽头。那头顶的天空，如牧人居住的穹庐，试图笼盖住草原，最终在天际线上赶上了草原的蔓延。"天似穹庐，笼盖四野"，这种无尽的辽阔，会放空你的狭隘，也让牧人甚至每只牛羊，放弃了穿越草原的企图。

　　"天苍苍，野茫茫，风吹草低见牛羊"。牛羊安静地吃草、勒勒车缓缓地前行，白云漫无目的地飘荡，风儿略不经意地吹起。阿妈的酥油茶熬了又熬，多少个世纪过后，还是那个温暖的味道。羊皮袄里敕勒族的婴儿，从少年到白头，历经春、夏、秋、冬，始终与马鞍为伴。那座连绵起伏的阴山，如一道屏障，守护着草原上的一切生灵。我想，当你读到这首南北朝乐府民歌《敕勒歌》时，一定会被这茫茫的草原所吸引。因为这里几乎静止的时光，会让你那颗奔腾不息的心慢慢平静。就在这个时候，一段段草原上的故事，就会涌上心头。

　　那是公元前100年，汉武帝为了答谢匈奴部落首领且鞮侯单于善意的交往，于是派苏武等人出使匈奴。他们从长安出发，一路北上，穿越边关塞外，来到贝加尔湖畔，那里正是匈奴的居所。远道而来的问候，并没有得到单于的善待，等来的却是匈奴人的冷漠，苏武被扣押了。单于用高官厚禄诱惑他，让他背叛自己的国家。苏武严词拒绝，几次用自杀表明自己的忠心。就连匈奴人也敬重他的气节，这样的人才怎么可以轻易放走呢？

　　于是苏武被囚禁在地窖中，渴了喝雪水，饿了吃羊毛，苏武不死！匈奴人以为他有神的护佑，就让他在贝加尔湖畔放羊。他拿着退了毛的节杖，在那个茫茫的草原上日复一日地等待，一等就是十九年。我想，《敕勒歌》中的风光，苏武一定再熟悉不过了,不知道那个"天苍苍,野茫茫"的草原,可曾装下这位英雄的豪情。

苏武回到汉朝后,又过了四十八年,有一个女人毅然决然地离开汉元帝的后宫,前往那个"风吹草低见牛羊"的匈奴国。既然得不到汉天子的宠爱,那就带着遗憾去做呼韩邪单于的妻子吧!这个女人,就是王昭君。她骑着骆驼,弹着琵琶,天上的大雁看到她竟然忘记了飞翔,为她的美丽而倾倒。昭君远嫁匈奴,委屈了自己,却成全了两国长达半个世纪的和平。她这一走,就再也没有回来。"一去紫台连朔漠,独留青冢向黄昏"(杜甫《咏怀古迹五首》其三),她的坟墓上至今仍然青草依依,陪伴她的还是那个"天苍苍,野茫茫"的草原。

这些故事已经成为了草原上永远无法忘却的回忆。它们回荡在上空,离你很近,又离你很远。

24.梅 花

【北宋】王安石

墙角数枝梅，凌寒独自开。
遥知不是雪，为有暗香来。

【解说】

在自然界中，有三种植物总是不怕严寒，越是寒冷的季节，越能历练自己的品格，它们就是松树、竹子、梅花。在中国的文化中，我们称它们为"岁寒三友"。

孔子曾经这样评价松树："岁寒，然后知松柏之后凋也。"（《论语·子罕》)你看松树傲然独立，咬定青山，四季常青，它是顶天立地的英雄。再看竹子，青春永驻，生来有节，虚怀若谷，它是世间的君子。最后看梅花，冰肌玉骨，清雅俊逸，冷韵幽香，它是山中的隐士。古往今来的诗人，为他们填词赋诗，于是文化的韵味就一层层地附着在它们的身上。

大家知道，唐、宋诗人的审美有很大的差别。唐代诗人天真浪漫，洋溢着生命的激情，他们喜欢明亮鲜艳的色彩。而宋人呢，他们的性情沉潜，偏偏喜欢脱去铅华、淡雅脱俗的美，所以梅花就多出现在宋代诗人的世界里。也不知道是谁选择了谁！

诗人范成大说："梅以韵胜，以格高，故以横斜疏瘦与老枝怪奇者为贵。"（范成大《梅谱》）所以文人赏梅花，贵老不贵嫩、贵瘦不贵肥、贵含不贵开，这就是"梅韵四贵"（明陈仁锡《潜确居类书》）。清代龚自珍也说当时的人赏梅花"以曲为美，直则无姿；以欹为美，正则无景；以疏为美，密则无态"（《病梅馆记》）。这就是宋代以来中国文化传统中恪守的审美。王安石则通过这首小诗，将梅花的品格和风雅娓娓道出。

"墙角数枝梅，凌寒独自开"，墙角，那是一个不起眼的角落，阴暗，清冷，无人问津，与热闹无缘。南宋陆游的词《卜算子·咏梅》中也曾说道：

驿外断桥边，寂寞开无主。已是黄昏独自愁，更著风和雨。

显然，寂寞是梅花的标签，它们不入流俗，自甘清冷，有时甚至自我放逐。很显然，芍药、牡丹那些富贵之花不会开在那里，它们大红大紫的绚烂，只在春天绽放，只为锦上添花。于是那个无人问津的角落，就留给了梅花。梅花的枝干稀疏错落，墙面上疏影横斜交错。清瘦的枝干，如同道人清奇的骨骼，关节分明，却有绕指柔般的韧性。

梅花的绽放实在有点不同寻常，因为它开在冬末、早春时节。那时天地还在冰雪的银装素裹中蜷缩在一起，牡丹没有动静，海棠没有声响，它们谁都不愿出头去探寻春的消息。它们在装睡，即便是春天的惊雷，也无法让它们苏醒。但是，这个封冻的世界，总会有人醒来，那就是梅花。它的花瓣无声地绽放，就好像初春的冰河里解冻的花纹，在你不经意回头的瞬间，星星点点就落满了枝干。

那是枝干上的雪吗？当然不是。"遥知不是雪，为有暗香来"，梅花再白也没有雪花洁白，雪花再白也没有梅花的芬芳。

梅雪争春未肯降，骚人阁笔费评章。

梅须逊雪三分白，雪却输梅一段香。（卢梅坡《雪梅》）

就是这缕略不经意的暗香，让梅花的品格永远停留在诗人的心头。

25. 小儿垂钓

【唐】胡令能

蓬头稚子学垂纶，侧坐莓苔草映身。
路人借问遥招手，怕得鱼惊不应人。

【注释】

①蓬头：头发散乱。稚子：小孩子。垂纶：本是钓鱼用具，这里指钓鱼。

【解说】

　　每个人都会对童年有一种情感，因为那是一段永远都无法找回的时光。正因为回不去，所以我们时常回忆。虽然每个人的童年未必总是幸福的，但是至少比成年人的世界简单而有趣。在那个时候，田野就是操场，任由你自由飞翔；谷堆就是大床，玩累了就躺下；村旁树林里隐藏着小小的秘密，远处的高山承载着奇妙的幻想；口袋中的几颗石子，就是全部的财富。那个天地自然中，总有孩子们用不完的精力。于是身边的那些花花草草、鸡狗牛羊，就在伙伴们的嬉戏打闹中纷纷遭殃，到处鸡飞狗跳，随处落花流水，这都是儿童精力过剩的结果。

孩子们在成长的过程中总是在模仿成人的行为，学习说话，学习耕作，学习人情世故。成人也会把儿时玩过的游戏手把手地教给儿孙，教他们捉鱼虾，教他们斗蛐蛐。父辈的生存经验，就这样一辈辈传递下去，这也是延续自己的童年的一种方法。时光不能倒流啊，看到他们快乐地玩耍，仿佛回到了自己的童年。

唐朝诗人胡令能无意中看到一个钓鱼的孩子，就把这个美好的瞬间写成了诗歌。先看前两句："蓬头稚子学垂纶，侧坐莓苔草映身。"这一看就是一个只顾贪玩的男孩。一早起来哪里顾得上洗脸梳头啊，一骨碌翻身就手拿鱼竿冲向河边，阳光照在满是口水鼻涕的脸上，整个世界就有了灿烂的笑容。如果能钓到一条小鱼，那就是他最得意的炫耀。

他甩动鱼竿，丝线虽抛得不远，但是一招一式都有了大人的样子。瞪圆的眼睛盯着水面，就等着鱼儿吞钩、鱼线颤抖的时刻。可是鱼儿怎么会轻易上钩呢？那就只能慢慢等待。拿着鱼竿的小手酸麻胀痛，那就从左手换到右手，再从右手换到左手，站着不行就坐下，坐酸了再站起来。钓鱼可是一件耐心活啊，你在钓鱼，鱼儿也在逗你呢。那就干脆藏身在青草丛中，侧坐石头上，即便是绿色的莓苔弄湿裤子也全然不顾。

小孩的钓鱼完全是一种游戏，在他小小的年纪里，不会懂得有人钓鱼纯粹是为了养家糊口。范仲淹就写诗说：

　　江上往来人，但爱鲈鱼美。

　　　　君看一叶舟，出没风波里。(《江上渔者》)

在渔父的眼里，那钓上来的每条鱼儿，都是妻儿老小一家的生计。生活的不易，小孩子怎么能明白呢？小孩更不会明白，在这个世界上还有一些人手握鱼竿，头戴斗笠，身穿蓑衣，鱼钩笔直，鱼线离水面三尺，表面上看是在钓鱼，而内心却想着庙堂之上的功名。成人的世界你怎么可能会懂呢？

　　诗人走在乡间的小道上，曲曲折折，迷失了方向。当诗人正要准备开口问路时，一只小手急忙摇摆。孩子憋红了脸，着急的样子完全说不出话来。他在用这种方式告诉诗人：不要吵！不要吵！轻点！轻点！不要把我的鱼儿吓跑了，我的世界里只有那条等待上钩的鱼，没办法告诉你前行的路！于是就有了诗歌的下两句："路人借问遥招手，怕得鱼惊不应人。"诗人只能摇摇头、尴尬地笑笑：你的世界我也不懂啊！

26. 登鹳雀楼

【唐】王之涣

白日依山尽，黄河入海流。
欲穷千里目，更上一层楼。

【解说】

　　中国古代，很多楼阁因为题写在上面的诗词歌赋而出名。比如南昌的滕王阁，因为王勃的一句"落霞与孤鹜齐飞，秋水共长天一色"（《滕王阁序》）而名传千古；武汉的黄鹤楼，则有崔颢的诗句"黄鹤一去不复返，白云千载空悠悠"（《黄鹤楼》）而声名远播；湖南的岳阳楼也凭借范仲淹的名句"先天下之忧而忧，后天下之乐而乐"（《岳阳楼记》）而威震八方。鹳雀楼，也因为大诗人王之涣的"欲穷千里目，更上一层楼"而闻名天下。一座建筑因为一篇文章、一首诗而出名，这就是文化的力量。

鹳雀楼位于今山西永济市蒲州古城西面的黄河东岸，始建于南北朝时期的北周年间，历经七百多年的风风雨雨，最终毁于成吉思汗南下中原的战火。明朝时期，鹳雀楼的遗址还能依稀辨别，但后来因为黄河改道，就连遗址也找不到了，真令人遗憾。只有王之涣的《登鹳雀楼》在，没有楼怎么可以呢？于是人们就把蒲州古城的西城楼当成了鹳雀楼，供来往此地的文人墨客登临远眺，把酒赋诗。时至今日，鹳雀楼又按照唐朝的形制选址重建，再现了昔日的辉煌。不为别的，就因为一句"白日依山尽，黄河入海流"。一首诗竟然能让一座楼起死回生，这是诗的伟大，也是楼的幸运。

王之涣生活在大唐盛世，那是一个让古今诗人为之向往的时代。一望无际的疆域，还有开明大度的政治，让诗人们胸怀天下，他们风流倜傥，漫游天下，塞北江南任由驰骋，到处都能看到他们挥洒的才情。李白、杜甫、王之涣、孟浩然、高适、岑参，这些中国诗坛一流的大家都诞生在那个时代，可以说，天地有多辽阔，诗人们的豪情就有多壮大。一个伟大盛世成就了伟大的诗人，伟大的诗人用诗歌谱写着大唐盛世的辉煌。

王之涣就曾站在蒲州（在今山西永济）的鹳雀楼上。诗人与高楼巍峨耸立，有一种唯我独尊、傲睨万物的雄姿。这座楼等待这位远道而来的诗人已经太久了。在它的脚下，一条黄河由西向东奔流而下，潇洒磅礴。楼静、河动，楼高、河长，瞬间拉大了时空的界限。天地玄黄，宇宙洪荒，日月盈仄，楼高风长。狂野的巨风四面袭来，搅动日月，吹动楼宇，一轮惨淡的白日摇摇欲坠，吹向天边。

"白日依山尽，黄河入海流"，诗人壮阔的胸怀里只适合装黄河、白日这些巨大的意象。此情此景，只为诗人而设，此情此景，也只有诗人能懂。如果不在此时，不登此楼，所遇非人，便道不出这么惊心动魄、张力驰骋的句子。天边在何处？在黄河的尽头，还是在西山的背后？白日西沉的地方是否有宇宙的主宰？这个世上还有没有比远方更远的远方？"欲穷千里目，更上一层楼"，如果有，我就要看到；如果有，我就要用脚步去丈量。

27. 夜书所见

【南宋】叶绍翁

萧萧梧叶送寒声，江上秋风动客情。
知有儿童挑促织①，夜深篱落一灯明。

【注释】

①促织：蟋蟀的别称。

【解说】

　　南宋末年，有一群诗人没有高贵的身份，也没有显赫的名气，他们流落江湖，处在社会的下层。但是写得一手好诗，以向达官贵人投赠诗歌来维持生计。他们的诗格局不大，善写小景。当时有个书商将他们的诗集刊刻出版，起名为《江湖集》，所以这群诗人也被称之为"江湖派"。

叶绍翁就是其中的一位。关于他的生平，资料很少，我们都不知道他死于何年。但是他的一句"春色满园关不住，一枝红杏出墙来"，让我们永远记住了他。一位诗人因为自己的诗被后人永远记住，即便一生落寞，也值得了。

这首《夜书所见》，写在叶绍翁离开家乡的一个晚上，又正值秋天，这是最容易引发诗意的时刻。一个游子，在一个失意难眠的夜晚，遇到一个萧瑟的秋天，这已经就是一首诗了。

先说游子。当一个人离开故乡，那就变成了客居他乡的游子。王维的诗歌中有"独在异乡为异客"（《九月九日忆山东兄弟》）；贺知章的诗歌中有"笑问客从何处来"（《回乡偶书》）；还有这首诗中的"江上秋风动客情"。每一个客居他乡的游子，无论在外多么显达，都会对故乡有一种难以割舍的情结。这就是乡愁，是一种病，难以根治。

再说夜晚。白天的喧嚣随着夜幕的降临而逐渐远去，每个浮躁的心灵都会在夜色中恢复到它纯真的样子。这是一个能让人的内心平静下来的时刻，当然也容易让人沉思。李白的《静夜思》写在夜里，他想起了自己的故乡；王维的《鸟鸣涧》写在夜里，那里桂花落下，春天的山林蕴含禅意；张若虚的《春江花月夜》也写在夜里，潮水中升起一轮恒照千古的月亮。很多唯美的诗篇就写在夜晚，夜晚适合写诗。

再看秋天。这个季节里没有春天的色彩、夏天的温度、冬天的冷峻，只能看到寒风萧索、树木凋零、梧桐秋雨、点点滴滴。这个季节里，所有的生命都在走向衰落，因为衰落，所以容易伤感。那样的夜晚，也触发了叶绍翁的神经。枯黄的梧桐叶在秋风中瑟瑟发抖，它们还眷恋着梧桐的枝干，舍不得放手，任凭秋风撕扯。这个秋天不能送给诗人任何温暖的暗示，只有寒冷的秋声时时入耳。远处的江面上一无所有，秋风一扫而过，让这个夜晚更加迷离。

"萧萧梧叶送寒声，江上秋风动客情"，秋天适合咏叹。

就在这时，一盏橘黄色的油灯出现在岸边几户人家的篱笆旁，灯光忽明忽暗、若隐若现，在深夜里，闪烁着微弱的光芒。即便如此，这也是秋夜里最温馨的暗示——那里一定是一户农家的院落，灯光下母亲还在为孩儿缝补衣裳。而孩子们呢?沉浸在自己的快乐中，在庭院的篱笆外，举着油灯，挑开瓦砾，在寻找蟋蟀呢。

那蟋蟀的叫声微弱而亲切，就像是母亲对孩子们一遍遍地唠叨:"别着凉，快回来;夜深了，早点睡。"又像是娘亲拍着孩儿的哄睡声，一声比一声轻，慢慢地和屋里的灯光一同消失在夜里。这也是我的童年，也是我熟悉的院落啊! 今晚的秋风，怎么就吹起了我的乡愁?

28. 九月九日忆山东兄弟

【唐】王维

独在异乡为异客，每逢佳节倍思亲。
遥知兄弟登高处，遍插茱萸少一人。

【解说】

在中国文化中，九这个数字不同寻常。古人认为它有最大、最多的含义：比如至高无上的帝王是九五之尊；最高的天空是九霄云外；最艰难的冒险是九死一生；最有分量的话是一言九鼎。同时，古人认为数字分阴、阳，奇数为阳，偶数为阴，九是奇数，那自然也就是最大的阳数了。每年农历九月的第九天，双九相逢，九九重阳，那是一个特殊的日子。

在那天，朝廷会举行隆重的祭祀仪式，把丰收的粮食献给上天和先祖，以此感谢他们的恩德。在民间，家家户户，准备美酒佳肴，与亲人团聚，还要佩戴茱萸，喝菊花酒，登高望远，以求长寿。为什么要佩戴茱萸呢？因为茱萸是一味药材，是杀虫去毒、驱寒除风的良药。在重阳佳节里，男男女女、老老少少把茱萸放入香囊，佩戴在手臂上，有的人干脆就把茱萸插在帽子上来当装饰。这个节日，愉快而祥和。

中国人的节日很多（如元宵、中秋、端午、清明），虽然每个节日的寓意不同、形式不同、风俗不同，但最基本的功能是相同的，那就是团聚亲人，感受亲情。因为每个人都知道，人世间的亲情，是一个人最为珍贵的依靠，也是一个人前行的力量。没有家人的温暖，即便你飞得再高再远，也会觉得孤独。

唐代大诗人王维就曾体会过这种孤独。王维的家在蒲州（今山西永济）。十五岁那年，便离家去长安求取功名。王维的诗文清越绝伦，书画巧夺天工，而且妙解音律，弹得一手好琵琶，甚至能看着图画中乐工的动作，说出乐曲的进度，可以说是一个全能型的天才。长安城里的王公大臣，把他奉为座上宾，所受礼遇，非常人可比。即便是杀人如麻的反贼安禄山，也被他的才华倾倒，一定请他出仕当官。王维在长安的生活，过得颇为如意。

但是，大家知道吗？一个人离开故乡，身上就会有一个隐形标签，那就是"客"。客，就是漂泊在异乡的游子。无论王维在长安城里过得多么自得，那里始终不是他的家。"独在异乡为异客"，一个人客居他乡，就很难找到归属感。

王维对此是深有领悟的。十七岁那年的那个重阳佳节，他身处长安，而四个弟弟却远在华山之东的蒲州，兄弟不得相聚。王维看到身边的朋友都在节日里向自己的家人聚拢的时候，内心倍感缺失——"遥知兄弟登高处，遍插茱萸少一人。"这种遗憾是相通的，王维感到遗憾，弟弟们也会感到遗憾。

我想，那天的弟弟们一定会念叨远方的哥哥，说说他们儿时的故事；也一定会在举杯相庆时，在饭桌上特意留出一副碗筷、身边多放一把椅子。他们明明知道那个远在长安的兄长在今天无法回来，也要在登山时，多准备一份插在头上的茱萸。因为人世间最难忘却的就是亲情，它超越了时间和空间，是每个人心头难以割舍的牵挂。

29.望天门山

【唐】李白

天门中断楚江开,碧水东流至此回。
两岸青山相对出,孤帆一片日边来。

【解说】

我们学习李白的诗歌,自然就对李白的长相很好奇,李白到底长什么样呢?唐朝有个人叫魏颢,对李白十分敬仰,曾经一路打听李白的行踪,几经辗转,不远千里,见到了李白。谁知第一眼就被李白的相貌震惊了:只见他"眸子炯然,哆如饿虎,或时束带,风流酝藉"——一双眸子炯炯有神,英气逼人,如同一只饥饿的老虎,有横吞天下的气魄。当他看到李白整理好衣冠时,那简直是玉树临风,风流倜傥,全然不似凡间人物(魏颢《李翰林集序》),这就是魏颢眼中的李白。

李白曾经毛遂自荐,在自荐书中这样介绍自己:

> 白,陇西布衣,流落楚、汉。十五好剑术,遍干诸侯。三十成文章,历抵卿相。虽长不满七尺,而心雄万夫。王公大人,许与气义。(李白《与韩荆州书》)

我们可以从以上两段文字对李白的外貌有一个直观的印象:那就是李白个头不高,但是气场强大,充塞天地。幸运的是,那个大唐帝国足够辽阔,能装得下他的理想和抱负,也能任由其纵横驰骋。

有不可一世的气量,就有惊天地泣鬼神的作品。他的自信转为诗句,那就是"天生我材必有用,千金散尽还复来"(《将进酒》);他的豪情化为诗句,那就是"但使主人能醉客,不知何处是他乡"(《客中行》);他的抱负写为诗句,那就是"大鹏一日同风起,扶摇直上九万里"(《上李邕》)。不止于此,在李白的诗歌中,我们处处会被他诗歌中巨大的意象震撼,在他有限的篇幅中,可以放得下"百尺危楼""千里江陵""万里长风"。他的豪情可以装得下一个巨大的世界。

这首《望天门山》,也可一睹李白的气魄。李白二十四岁那年仗剑去国、辞亲远游,离开了从小生活的绵州昌隆县(今四川江油市青莲乡)的家。他一路从长江三峡顺流而下,那巍峨的高山、奔腾的江水、船夫的号子、哀鸣的猿声,让诗人有了空前阔大的体验。

船儿继续前行,来到当涂县。那里曾是春秋时期楚国的疆域,流经此地的长江水也被称之为楚江。就在前方,两岸巨大的高山隔江对峙、相对而出,像两扇顶天立地的大门,被滚滚的长江水分开两边。它们专等李白的到来,这一刻等得太久了。它们知道,这个年轻人的横空出世,会使大唐帝国不再寂寞,也能让魏晋六朝的诗人黯然失色。这个世界是属于李白的。

这道天门对长江而言是一个转折点,江水由西向东在这里改变了方向,一个回转,向北奔腾。同样,这道天门对李白来讲,也是他人生的转折点。因为他告别了青山绿水的绵州,将要去往那个纸醉金迷、权贵交织的金陵(今南京)。

等待李白的是通天坦途,还是泥泞小路呢?李白根本不会思考这些未知的问题。他会遥指江面上那艘迎着红日、直挂云帆、长风破浪的巨轮,自信地告诉你:前行是我人生唯一的方向!

30. 饮湖上初晴后雨①

【北宋】苏轼

水光潋滟晴方好②，山色空蒙雨亦奇。
欲把西湖比西子，淡妆浓抹总相宜。

【注释】

①这组诗共二首，故诗题一作《饮湖上初晴后雨二首》（其二）。　②
潋滟：水波荡漾、波光闪动的样子。

【解说】

杭州西湖本是因钱塘江里的泥沙逐渐堆积而形成的一个内湖。从这个角
度讲，西湖不过是一处极为普通的自然景观，因为这样的胡泊实在是太多了。

西湖不算大，也不算深，然而天下并不是所有的湖都能如西湖一般幸运，受到无数文人墨客的垂青，从这个角度讲，西湖又非同寻常。

西湖的美，首先美在它的自然风光，这点是毋庸置疑的，也不必多言。那里有苏堤春晓、平湖秋月、断桥残雪、南屏晚钟，不知有多少游人，甘愿沉醉在这幅山水画卷中不愿醒来。甚至大金国国君完颜亮听说西湖有"三秋桂子，十里荷花"，于是就有了投鞭南下、夺取江南的企图（罗大经《鹤林玉露·丙编》卷1《十里荷花》）。西湖的自然之美，有一种难以抗拒的魅力。

但西湖的美远不止于此。当一个人游览西湖，你不会感到孤独，因为那里的每一寸山水，都有一段与人相关的故事：你看那断桥之上，演绎过白娘子和许仙的爱情传奇；在西泠桥畔，走过南朝齐钱塘名妓苏小小的油壁香车；在栖霞岭，静躺着抗金英雄岳飞的铮铮铁骨；在孤山上面，还有隐逸诗人林逋"梅妻鹤子"的风雅。因为有历史人文的晕染，这片自然山水便没有了原始粗野的气息，而有了温度和灵性。西湖是自然、人文相结合的典范。

所以历史上有无数文人寄情于西湖，他们在俯仰起卧、行走坐立间吟咏讽诵，用诗篇解析西湖的美。这样的诗人历朝历代赓续不断，这样的诗歌历朝历代每有创作，可是最终呢？那些苦心经营的诗篇，在西湖面前均黯然失色，连同那些平庸的诗人一起，都被一湖涟漪消解得无影无踪。古往今来的诗作中，有没有一首诗歌能配得上西湖呢？有，那就是苏轼的《饮湖上初晴后雨》。

苏轼一生曾先后两次来杭州任职：第一次是他三十六岁时任杭州通判，第二次是他五十五岁时任杭州知州。他主持修整西湖，疏通古井，让城中百姓饮上了甘甜的湖水。并和百姓清理湖中淤泥，构筑了至今仍在使用的苏堤。还不忘在湖中竖立石塔，测量水位，营造"三潭印月"的奇观。苏轼对西湖付出之多、用情之深，超过了他的前辈白居易。由他为西湖写诗代言，实在是众望所归。

这首《饮湖上初晴后雨》，写在苏轼当杭州通判期间。那日，苏轼和朋友在西湖上泛舟饮酒，遇到了一个晴转小雨的天气。刚刚湖上还是水光潋滟、波光粼粼，转眼之间，一阵风雨洋洋洒洒飘落而至。那个湖水澄澈、晴空正好的西湖不见了，一个烟雨迷蒙、如梦似幻的西湖出现了。我想，只有在这个时候，苏轼才会懂得白居易心中的不舍——"未能抛得杭州去，一半勾留是此湖。"（《春题湖上》）

有人说"西湖之胜，晴湖不如雨湖，雨湖不如月湖，月湖不如雪湖"（明汪珂玉《西子湖拾翠余谈》卷下）。在苏轼眼里，西湖好比西施，他的美能让鱼儿沉入水底，无论她略施粉黛，还是浓妆艳抹，她身上的万种风情总能让你销魂。所以，西湖晴天好，雨天亦好；春天好，冬天亦好；当你年轻气盛时看它好，老态龙钟时看它亦好；你春风得意时看它好，失魂落魄时看它亦好。西湖的美，总有一处能让你心动。

31. 咏 柳

【唐】贺知章

碧玉妆成一树高，万条垂下绿丝绦①。
不知细叶谁裁出，二月春风似剪刀。

【注释】

①丝绦：用丝编成的带子或绳子。

【解说】

在讲这首诗之前，先给大家讲一个故事。东晋时，大书法家王徽之曾经暂时借住在别人家里，看到庭院里一无所有，就让仆人把竹子种在院里。仆人对他说：我们只是暂住一下，何必费这功夫呢？王徽之对着竹子，吹起了悠扬的口哨，过了很久，他才告诉仆人："何可一日无此君？"（《世说新语·任诞》）

王徽之的口哨声随着清风悄然入化，把诗人的精神和品格注满了翠竹。同时，在王徽之超然忘我的神思中，竹子也把一腔翠美送给了书法家，让他的灵魂得到净化。不只王徽之如此，中国古代的诗人大多对自然万物有十足的兴趣，在他们眼里，花草树木，鸟兽虫鱼，都有丰富的情态。所以吟风弄月、描摹万物，也就成了诗人的责任。这类诗歌，我们称之为咏物诗。

唐人是写咏物诗的高手，白居易有《咏竹》、骆宾王有《咏鹅》、贺知章有《咏柳》。一首咏物诗不但要写得形象，让人能辨别所咏之物，而且要写得妙，要有艺术的呈现，不能只做直白的描述。同时，还要把自己的思想、精神、情感投射于所咏之物，赋予它精神和品格。创作一首质量上乘的咏物诗真不简单，特别是面对常见的自然之物，要写出新颖不俗的效果，那就更要考验诗人的才力了。

唐代诗人贺知章，面对的就是一棵普通的不能再普通的柳树。说它普通，是因为它遍布塞北江南，长在庄户人家的田间地头、池塘堤坝旁。它不紧不慢地发芽，不声不响地枯萎，一辈子都与娇贵无缘。偶然过来个牧童，把牵牛的绳子挽在枝干上，就能拴住一整段午后的光阴。普通的柳树出现在诗歌里，往往只是一个陪衬。有时在客舍旁目送友人的远去（王维《送元二使安西》）；有时在酒楼旁边为咸阳游侠的畅饮栓一匹烈马（王维《少年行》）；有时还会在"晓风残月"的夜里，陪伴一位醉酒失意的浪子（柳永《雨霖铃》）；有时还让闺中少妇后悔那个让"夫婿觅封侯"的决定（王昌龄《闺怨》）。

该为柳树写一首属于它自己的诗了，即便是平庸的生命，也有着自己独立的尊严。柳树不缺少美，只是缺少发现它的眼睛。

初春的柳树一身娇柔，那翠绿的枝条，蓬蓬松松散落了下来，丝一般润滑，柔软而富有弹性。平庸而无趣的我们，一定会说柳树妆扮一番，好像一块碧玉；而贺知章非要说成"碧玉妆成一树高，万条垂下绿丝绦"，是碧玉乔装打扮一番变成了一棵柳树。这两句诗人说得新颖。

最有创意的诗句还在后面："不知细叶谁裁出，二月春风似剪刀。"春风看不见、捉不住、没形状、没味道，可在诗人眼里，它是一把有形的剪刀，剪开了柳树的新叶，剪得均匀，剪得精巧。同时也剪开了封冻的河流，剪开了阴霾的天空，剪出了阳光万缕，剪出了一个五光十色的春天，还撬开了诗人那颗涵泳自得的心。

诗人明明在咏柳，又为何咏起风来？因为，春风和柳树是一对如影相随的伴侣。如果柳树无风，怎么可能有婀娜的身段呢？如果春风没有柳树，那也只能算无所依归的灵魂罢了。

32 春 日

【南宋】朱熹

胜日寻芳泗水滨^①，无边光景一时新。
等闲识得东风面^②，万紫千红总是春。

【注释】

①胜日：风光美好的日子。泗水：河名，在今山东省。 ②等闲：轻易，
寻常，随便。

【解说】

南宋的朱熹，与其说是一个诗人，更不如说是一位思想家。当他还是一个

刚会说话的小孩时，父亲就手指着天空说：那是天。小朱熹立即问父亲：那天之外又是什么呢？父亲很惊讶，一个小小的孩童，竟然会追问这样一个深刻的问题（《宋史·道学列传三·朱熹传》）。

到了晚年，朱熹还在一直琢磨那些从小就想弄清楚的问题，他说：我五、六岁的时候就有烦恼，我在想，天地之外会是什么呢？别人说：天地四方没有尽头。我想，终究是有个尽头的。尽头就好比是一面墙，那墙的后面是什么呢？当时我还是小孩的时候苦思冥想，几乎都要生病了，现在到老了也不知道天的背后是什么，真是令人遗憾啊（《朱子语类》）。

一个勤学好问的孩子，将来一定会大有所为。朱熹十九岁时就考中了进士，展现了他不凡的才华。他用毕生的精力钻研儒家的经典，让孔孟之学有了最具权威的解释，成为一代鸿儒。他的著作成为了元、明、清时期读书人科举考试的必读书。他去世以后，宋理宗为表彰他的功绩，将他的塑像供奉在孔庙里，受到世人敬仰。

朱熹学问渊博。他认为，天地万物都有自身独特的道理，天有天道，人有人道，总之山川草木、日月星辰、鸟兽虫鱼，都有自身的道。一本书不读，你就缺少了一本书的道理；一件事不去探究，你就不明白一件事的道理。一个人在静下心来追寻这些细微有差别的道理时，别忘了去抽象那个最根本的道理。就如同你看到江河湖泊中的那一轮形态各异的月亮时，不要忘记天上那轮月亮才是根本。

于是问题来了，那个万紫千红的春天，背后蕴藏着怎样的道呢？朱熹也想知道，于是就想在胜日的泗水河畔探寻春天的真理。胜日，就是春风无限、焕然一新的日子。而泗水呢，在今天的山东，孔子曾带着弟子在这里沐浴春风，那是朱熹心驰神往，但是没办法到达的地方。因为在朱熹生活的南宋时期，泗水早已沦陷为金国的地盘。朱熹不可能去过那里，那就让精神在泗水河畔的春日里徜徉一番吧。

你看那春天的暖阳，光芒万丈，普照大地，万物滋长，摇曳生辉，东升西落,日复一日,这是太阳的道啊!

你看那春天的泗水,冰雪解冻,河水蔓延,曲曲折折,随物赋形,奔流不息,哺育万物,这是河水的道啊!

你看那吹来的东风,吹开杏花,拂过杨柳,掠过青草,拨开涟漪,清风一过,万物复苏,这是东风的道啊!

那春天的泗水河畔,万物峥嵘,姿态各异,各有各的道,各有各的理。但是,这怎么可能迷乱哲人的双眼呢?在冥冥之中,恍惚间有一种体悟:在这个五彩缤纷的世界背后,一定有一个更大的道在主宰一切。"等闲识得东风面,万紫千红总是春",春是表象背后的道,是秩序,是逻辑。它看不见,摸不着,只可意会,不可言传;但它就在那里,不生不灭。

33. 乞 巧

【唐】林杰

七夕今宵看碧霄，牵牛织女渡河桥。
家家乞巧望秋月，穿尽红丝几万条。

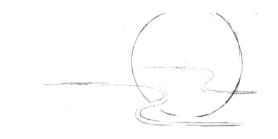

【解说】

　　在每个繁星闪烁的夜里，我们总喜欢仰望星空，去探索那个广袤深邃的宇宙。当我们看到天空中恒星的闪烁，有可能它的光芒在宇宙中奔跑了几十亿年，然后投射到了你的眼中，这是一个多么神奇而有缘的相遇啊！宇宙的空间太大了，它的浩渺超过了人类想象的边界；宇宙的历史太久了，人类的历程在宇宙的长河里，不过就是一眨眼的瞬间。我们居住的地球，在茫茫的宇宙中，充其量就是一颗小小的尘埃。人类有限的智慧想要理解这个无限的宇宙，显然有点力不从心。但是好奇的人类，永远没有停止追问：

> 宇宙有主宰吗？为什么日月星辰井然有序、运转不息？
>
> 天上有仙人吗？他们在何处躲藏？为何迟迟不肯现身？
>
> 文曲星下凡吗？他会把文采赋予那些浪漫的诗人吗？
>
> 吴刚会疲倦吗？为什么至今还没有砍完那棵桂花树？
>
> 嫦娥会后悔吗？她在那寒冷的月宫里会感到寂寞吗？
>
> 牛郎织女傻吗？他们终身守望就只为七夕的相遇吗？
>
> 星空有暗示吗？流星陨落是否预示了凡间有悲伤的故事？

这些朴素而又诗性的问题，从远古到现在从未间断。每个孩子都会在星光灿烂的夜晚，眨巴着眼睛问外婆这些问题；等到老了，也会面对儿孙的好奇，继续讲那些遥远的神话：从前有一个放牛娃，备受哥嫂虐待，只有一头老牛是他的朋友。老牛告诉他：等到天上的织女到凡间洗澡的时候，你就可以挽留她，并和他有一个美丽的邂逅。于是牛郎和织女有了世俗的爱情，结婚生子，日子过得很幸福。

织女贪恋凡间的快乐被王母娘娘知道了，天庭震怒。织女不得不回去，牛郎挑着箩筐，带着孩子，借助老牛的法力腾空而起。王母拔下发簪，划出一条银河，把牛郎和织女隔在了两边，只允许他们每年农历的七月七日这天相会一次。他们深情地守望，化为了星斗。这段爱情甚至感动了喜鹊，传说每年农历的七月七日牛郎织女相会的这天晚上，它们就都会飞上天去，用自己的身体搭成桥梁，成全牛郎和织女的相会，于是这天晚上大地上哪怕是一只喜鹊也见不到了。

在这一天夜里，情窦初开的少女们从闺房走到庭院，把目光投向夜空，辨识着银河两岸的牛郎星和织女星，幻想他们的悲欣交集。同时，也拿着红线从针孔里穿过，向织女乞求一双灵巧的手。"家家乞巧望秋月，穿尽红丝几万条"——难道女孩子们在这个夜里只是希望得到一双拿捏针线的巧手吗？我想不是，或许她们也想用自己的双手为心中的牛郎，缝补一件贴身的衣服呢。任何一个女孩子都不会说出来，于是她们就把心中的秘密，藏在了乞巧那晚含情脉脉的月光里。

34. 嫦娥

【唐】李商隐

云母屏风烛影深①，长河渐落晓星沉。
嫦娥应悔偷灵药，碧海青天夜夜心。

【注释】

①云母：一种矿物，晶体透明有光泽，可用于装饰。

【解说】

在我们的民间传说中，总是不乏神仙的故事，可是在我们的周围，却总是看不到神仙的影子。神仙如此神秘，所以世间的凡人总是向往神仙的逍遥。你看那传说中的神仙，腾云驾雾，千变万化，不食人间烟火，又能长生不老，拥有凡人不具备的能力。所以世间的凡人总有个神仙梦，想修炼成仙，超凡脱俗，去到另外一个世界。

嫦娥做到了。传说中，他是上古时期帝喾的女儿、后羿的妻子。后羿得到了西王母的仙药，想长生不老，这让善良的嫦娥放心不下。因为她知道，丈夫好勇善战，性情残暴，如果成了神仙，必将残害百姓，于是抢先一步吞下了仙药。可是她哪里想到，自己竟然身轻如燕，缓缓飘向黑夜中最明亮的光芒之处，人间世界离她越来越远，天上的月亮离她越来越近。那个让她烦心的现实模糊了，那个神仙的世界清晰了。从此，她美丽的身姿和神秘的传说，就锁在了圆圆的月亮里。

于是，在每一个月圆之夜，那些大地上多情的人们总是会对着月亮追问嫦娥：你受得了广寒宫里的清冷吗？是否会有难以排遣的寂寞？是否后悔当初吃下仙药的决定？如果再有一次机会，你会回到世俗凡间吗？凡人的问题终究逃不脱凡人的局限，于是背负深情的我们留在了地上，了无牵挂的神仙留在了天上。这些一厢情愿的担忧，对于仙人来说根本不是问题，或许分量太重，也无法到达天上。

大文豪苏轼，在一个清辉普照的夜晚，也曾幻想乘一缕清风，登上传说中月亮里的广寒宫。可是他转念一想，那高耸九天的月宫里，只有雕栏玉砌和一片寂寞空虚的清冷，没有凡间的烟火和温暖，"起舞弄清影，何似在人间"（苏轼《水调歌头·明月几时有》）？即便是每天如嫦娥一般挥舞着长袖，自顾自怜月亮下的身影，那有什么意义呢？还不如这世俗凡间的快乐。

其实，早在唐朝，大诗人李商隐也有这种担忧。于是就用他绚丽晦涩的笔，写下了嫦娥无法排遣的孤独。你看那广寒宫里，嫦娥的闺房极尽奢华，有云母石制成的屏风,那上面层层叠叠的波纹,冰凉而清晰,如天宫里无心飘荡的云烟,任意去留。房间里蜡烛的光影,深深地映在了屏风上面,忽明忽暗。烛光本是温暖的,可是在那个重重宫殿中的深深庭院里,那一丝微弱光芒没有任何温暖的暗示,反而映出了深夜黑色的帷幕。

蜡烛从深夜燃到清晨,那烛泪点点滴滴,如同一个计时的沙漏,把寂寞一点点地数过。一直数到天空中的银河沉默、黎明的星斗消失,嫦娥又度过了一个彻夜无眠的夜晚。天上的日子度日如年,习惯于世俗生活的我们,哪里能耐得住这分高冷?如果没有牵挂、没有深情,要那副长生不老的躯体又有何用呢?

"嫦娥应悔偷灵药,碧海青天夜夜心",即便是诗人,也为嫦娥当初的决定遗憾:你看她每天在月宫里看着凡间的碧海蓝天,心中一定会后悔当初的那个决定吧!这个世俗的凡间,才是她日日夜夜想要回来的地方啊!这是诗人李商隐的想法,嫦娥也会这么想吗?我看未必。嫦娥的寂寞,是凡人的假设,或许我们真的不懂神仙的逍遥与自在。

35. 游子吟

【唐】孟郊

慈母手中线，游子身上衣。
临行密密缝，意恐迟迟归。
谁言寸草心，报得三春晖。

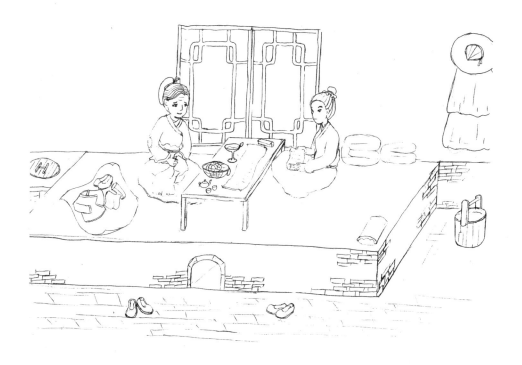

【解说】

　　在这个世界上，爱有很多种，但是最伟大、最无私、最深刻的爱，莫过于母亲对子女的爱，我们称之为"母爱"。无论人类的世界还是动物的世界，这种母爱与生俱来，亘古不变。我们可以试想一下，在十万年前，一个住在山洞里的猿人注视她怀中的婴儿，她温柔怜爱的目光，一点也不比现在的母亲少。人类

101

在不断地进化, 人类社会也在日新月异地发展, 但是这种母爱并没有因此而减少半分。

东晋时有一位将军, 带兵作战, 一路坐船经过长江三峡。古时候, 长江两岸的悬崖峭壁上, 居住着很多猿猴, 它们成群结队、嬉戏打闹, 嚎叫声时不时回荡在三峡悠长的深谷里。就在行军途中, 一位战士捕获了一只可爱的小猿, 母猿发现后, 在陡峭的崖壁上穷追不舍, 一路攀援, 居然从几十丈高的崖壁上一跃而下, 不幸摔死在了船上。当士兵们剖开它的尸体后, 发现这只母猿"肠皆寸寸断"(《世说新语·黜免》)。是什么能让一只猿猴毫无畏惧地跳下悬崖呢? 是因为母爱。是什么让它伤心欲绝、肝肠寸断? 也是因为母爱。动物尚且如此, 何况人呢?

该为母爱写一首诗了。那是唐朝诗人孟郊五十一岁的时候, 刚刚结束了奔波辛苦生活的他, 被任命为溧阳(今属江苏)县尉。生活刚刚平定, 就想到了自己远在湖州武康的母亲。正是她, 一再鼓励孟郊攻读诗书, 不言放弃, 几番失败后最终科举及第。

> 昔日龌龊不足夸, 今朝放荡思无涯。
>
> 春风得意马蹄疾, 一日看尽长安花。(孟郊《登科后》)

功成名就后, 是想着该把母亲接到自己身边来了。来溧阳团聚的日子越来越近, 母亲的影像也就越发清晰。

那是进京赶考的前夜, 母亲坐在油灯的光辉里, 手拿银针, 眼噙着泪水, 把行李整理了又整理, 又把千言万语都缝进了为游子新做的衣裳里:

第一针, 御风寒, 冰天雪地手脚暖。

第二针, 保平安, 儿行千里母忧担。

第三针, 遇贵人, 远在他乡有人帮。

第四针, 求功名, 此去定是状元郎。

第五针，盼团圆，京城虽好早回家。

……

那一针一线，密密麻麻、结结实实地缝在了孟郊的衣服上；那一行行针脚，也构筑着他去向远方的路。"慈母手中线，游子身上衣。临行密密缝，意恐迟迟归"，这一件亲手缝制的衣服上还留着母亲的体温，还有母亲像腊梅一样的芬芳，这是千千万万离家在外的游子最为熟悉和感动的味道了。母亲的爱，就像三春的阳光普照大地，我这一颗小草的心怎样才能报答这分伟大的母爱呢？

36. 题西林壁

【北宋】苏轼

横看成岭侧成峰，远近高低各不同。
不识庐山真面目，只缘身在此山中。

【解说】

　　中国古代，一些寺院、客栈总会留出几块粉白的墙壁，供来来往往的文人墨客题诗写字，这类诗就称之为"题壁诗"。有些佳作，会被南来北往的旅客争先传诵，不但能让诗人声名远播，而且也为名山大川甚至其所居客舍增添不少人文的色彩。

　　北宋大诗人苏轼，喜欢游山玩水，每到一处，总喜欢题壁赋诗。四十九岁那年, 他经过庐山的西林寺, 在寺院的墙壁上就写下了这首《题西林壁》。苏轼知道, 庐山是道教的圣地, 山水绝佳。也知道唐朝的大诗人李白在年轻时, 也曾来此地寻仙访道, 写下了诗中的经典《望庐山瀑布》。其中"飞流直下三千尺, 疑是银河落九天", 更是流传天下的名句。要想在庐山写一首超越李白的诗, 那真是难上加难。苏轼能超越李白吗?

我们先来说说李白。李白写诗依靠的是与生俱来的才情和天赋, 他的诗歌自然天成, 如出水芙蓉。要和李白比天赋, 任何诗人都会甘拜下风。难道写诗只有靠天赋这一条路吗? 其实未必, 写诗还能靠后天的才学。以苏轼为代表的宋代诗人走的就是这条路, 他们在诗歌中展示才学, 引用典故, 发表议论, 同样也能写出天下第一流的诗歌。

在来庐山前, 苏轼因反对王安石的变法, 被贬谪到了黄州(今湖北黄冈)。在那里, 苏轼经历了他前半生中最为消沉的低谷。这肉体和精神的双重历练, 也让他对外在的世界有了更为深刻而丰富的理解。在诗仙李白的眼里, 庐山是神仙的世界, 有紫气升腾的香炉峰, 有飞落九天的瀑布, 那是道家的仙境。在苏轼笔下, 庐山蕴含着启迪诗人的智慧: "横看成岭侧成峰, 远近高低各不同"——当你正面看庐山, 那是连绵起伏的山峦; 当你斜着看它, 那是异常险峻的高峰。远处、近处、高处、低处看庐山时, 庐山又会呈现出不同的姿态。你的视角不同, 看到的庐山也不同。

庐山究竟如何呢? 身处山中的我们, 只会被它姿态各异的风景所迷惑, 如果能置身山外, 就能把它看个清楚——"不识庐山真面目, 只缘身在此山中。"你以为苏轼是在教我们观赏庐山的方法吗? 显然不是, 苏轼是在告诉大家一个更为深刻的哲理: 只有当我们超越自身的局限时, 才能看清楚问题的本质。苏轼就用了四句诗, 表达他对世界的理解, 虽然没有李白诗中感性的夸张, 却有李白诗中欠缺的理性。所以这首《题西林壁》, 同样也成了描摹庐山的绝唱。

37. 游山西村

【南宋】陆游

莫笑农家腊酒浑，丰年留客足鸡豚。
山重水复疑无路，柳暗花明又一村。
箫鼓追随春社近^①，衣冠简朴古风存。
从今若许闲乘月，拄杖无时夜叩门。

【注释】

①春社：春季祭祀土地神的日子。时间一般为立春之后的第五个戊日，约在春分前后。

【解说】

中国是一个农业社会,每个中国人都有一个田园梦。春秋末期的老子,曾勾画出了一个自己的梦幻田园:那里国家小,百姓少。犯不着驾车,用不着乘船。马放南山,铸剑为犁。吃自己的食物,吃出甘甜;穿自己的衣服,穿出美丽;住自己的房子,住出安逸;爱自己的风俗,爱出喜悦。"邻国相望,鸡犬之声相闻,民至老死不相往来"(《老子》第80章)。

这就是我们中国人梦想的田园。你会说它封闭落后,但是你不得不承认,在这个时光几乎静止的田园中,会消解一切外在强加的紧张。这里没有身心疲惫的卖命,没有尔虞我诈的交往,没有处心积虑的目的,也没有坐立不安的焦虑。你完全可以不用心机,只要守住自己淳朴简单的心,就能岁月静好,一世从容。

陆游就经历过这样一个田园。四十一岁那年,对大宋一片忠心的他被朝廷解除了官职,回到老家山阴(今浙江绍兴)。写这首诗时,他已经闲居在家两年了。虽然隐约有些许怀才不遇的落寞,但是没有官袍束缚、公事缠身,简直一身轻松。名誉放下了,是非走远了,拄着藤杖,四处游走,乘兴而来,兴尽而返,日子可以如此自在!

这一天,陆游来到了山阴县三山乡西面的一个小山村。村子里的人家七七八八地点缀在山间,每个庭院里都有丰收的富足。那一坛坛自酿的米酒略显浑浊,但醇厚的酒香已经和春风秘密商量,随时醉倒途经此地的客人。在丰收的年成里,屋檐下悬挂着的一排排腊鱼、腊肉,泛着酱香的油脂,就等着和春笋一道迎合客人的味蕾。

小小的村庄,山水环绕;醇厚的酒香,让人迷醉。前方似乎走到了尽头,就在柳色浓郁、花红柳绿处,一转眼又出现了一处村落,真是"山重水复疑无路,柳暗花明又一村"。这是陆游随口道出的诗句,本意无心说理,但在这平平淡淡的诗句中,却让后人看到了机锋和理趣:这个世界到处都有峰回路转的光明。

村里的箫鼓时不时地吹奏敲打着,难免调不合腔、音不协律、忽高忽低。

但这异于常日的声响，无不在告诉你——春社已近。村民们希望土地神和五谷神继续保佑来年的丰收，这个单纯的愿望就好像他们穿戴的衣帽那样纯朴，没有多余的奢望和华丽的修饰。而且，那颗淳朴的内心里，也只能装得下这个愿望，这就足够了。从今往后，我就拄着拐杖，伴着月光，随意叩响一户人家的院门，去喝一碗米酒，在稻花飘香的夜晚，稳稳地安睡在老子曾幻想的田园里。

38.黄鹤楼送孟浩然之广陵^①

【唐】李白

故人西辞黄鹤楼,烟花三月下扬州。
孤帆远影碧空尽,唯见长江天际流。

【注释】

①之:去。

【解说】

诗仙李白一生交友无数,谁是他最好的朋友呢?会是诗圣杜甫吗? 我们知道,李白和杜甫曾在长安相遇,先后两次一同漫游。闻一多先生高度评价二人的会面："四千年的历史里，除了孔子见老子（假如他们是见过面的），没有比这两人的会面更重大、更神圣、更可纪念的。"（闻一多《唐诗杂论》）。我们都希望看到他们二人能有一段惊天动地的友谊。

在当时，作为晚辈且并没有多少名气的杜甫，很看重与李白的友谊，毕竟当时李白的大名早已如雷贯耳。自从和李白相遇后，杜甫是春天想李白，冬天想李白，梦中也想李白，他在诗中至少十五次提起李白。杜甫甚至这样说："寂寞书斋里，终朝独尔思。"（《冬日有怀李白》）可是李白为杜甫写的诗总共不超过四首。这种不对称的友谊，一定很让杜甫寒心。

李白最心仪的朋友会是谁呢？就是那个比他年长十二岁的孟浩然。李白在《赠孟浩然》中公开表达了对他的敬仰：

> 吾爱孟夫子，风流天下闻。
>
> 红颜弃轩冕，白首卧松云。
>
> 醉月频中圣，迷花不事君。
>
> 高山安可仰，徒此揖清芬。

这种超逸绝尘的人格魅力，正是李白钦佩他的原因。唐朝高官韩朝宗想把孟浩然推荐给朝廷，两人约定好了时间，可是韩朝宗就是等不到他。原来孟浩然和前来拜访他的老友在痛饮美酒呢，竟然把这事儿也忘了。周围的人提醒他，孟浩然说："既然已经开怀畅饮了，其他的事我就管不着了。"（《新唐书·文艺列传下·孟浩然传》）韩朝宗大怒，可孟浩然丝毫没有悔意。在他眼里，朋友的情意比世俗的功名还要重要。这和写出"安能摧眉折腰事权贵，使我不得开心颜"（《梦游天姥吟留别》）的李白几乎是同一种个性——潇洒率真，至情至性。在李白的心目中，孟浩然的地位远超杜甫，奇怪的是即便是现存的文献中，我们却看不到孟浩然有任何写给李白的诗歌。

726 年三月，孟浩然前往广陵（今江苏扬州），途经武昌见到李白。短暂的相聚后，李白在黄鹤楼上赋诗一首为好友送别。黄鹤楼可不是普通的地方，它号称"天下江山第一楼"，巍峨高耸，矗立在长江边上，江山之美，尽收眼底。传说这里曾有仙人驾着黄鹤飞往九霄云外，而今黄鹤楼里只有神仙的传说，而不见了黄鹤的踪影。正如崔颢的诗中所说：

> 昔人已乘黄鹤去，此地空余黄鹤楼。
>
> 黄鹤一去不复返，白云千载空悠悠。（《黄鹤楼》）

在这个黄鹤楼上，注定有留不住的人、留不住的事，"空"是这座楼的常态。孟浩然离开了，他乘着一叶小船向东流去，船儿晃晃悠悠，越漂越远，一点点地消失在水天相接的地方，最终连船的影子都看不见了。只见这浩浩荡荡的长江水日夜不停流向天边，不知道古往今来，送走了多少离别的朋友，带走了多少离别的相思，留下多少个伤心的泪人儿。

朋友此番离别，要前往那个繁花似锦、柳絮如烟的扬州了。等待他的是春风十里、烟柳画桥的江南，还有灿烂的前景和一切未知的可能。而我李白呢？在这黄鹤楼上望眼欲穿，那滔滔江水，仿佛带走了一切，掏空了自己的身体，只留下一个空空的躯壳。

39.送元二使安西

【唐】王维

渭城朝雨浥轻尘^①，客舍青青柳色新。
劝君更尽一杯酒，西出阳关无故人。

【注释】

①浥：湿润。

【解说】

有相聚就有离别，有离别就会有伤心。这是从古到今，人与人之间不得不面对的现实，此时此刻，也最容易引发诗情。古人有离别，现代人也有离别，但在如今这个交通便捷的时代，地理的阻隔可以忽略不计，我们没有翻不过去的山，没有趟不过去的河，所以相聚就显得很容易。与此同时，内心的感伤也就淡化了。

可是在古代呢？地理的距离只能用马车和脚步去丈量，离别的相思只能托书信去传达。今天朝发夕至的路途，过去要走上几个月，甚至更久。一旦离别，重逢就会有太多的不确定性。其实，地理的阻隔不算最揪心的事，因为它总会被克服。最让人揪心的，是离别双方内心的煎熬：他在远方还好吗？是否还是离开时的容颜？是否过着平安的生活？这种牵挂，从送别的那一刻起就产生了。所以古人对离别看得尤为重要，那些多愁善感的诗人，总要为远行的朋友赋诗一首。这类诗，也最容易打动人。

古往今来，那些为离别而作的诗歌实在是太多了。在所有的送别诗中，以王维的这首《送元二使安西》影响最大，诗句通俗易懂，且被谱成琴曲《阳关三叠》传唱天下。这首诗中，王维送别的友人元二是谁无从考证，只知道他姓元，家族中排行第二，但这根本不影响这首诗的经典性。

元二要出使安西了，作为朋友的王维知道，安西远在西域，那是大唐帝国在边疆设置的军政机构，管辖着天山以南的广大区域。从长安出发到安西，路途遥远，要走过河西走廊，途经雪山草原、天山祁连、大漠戈壁，要穿过嘉峪关，还有那个连春风都吹不过去的玉门关，最终到达今天新疆的库车。这条路上凶多吉少，想当年西汉的张骞曾两次出使西域，第一次整整用了十三年的时间，当初随行的一百多人，回来只剩下三、四个人。元二此去安西，能否平安到达？能否完成使命？能否平安回来？一切未知。但唯一能确定的是，他必须要走了。

"送君千里，终须一别"，就在渭城这个地方停下送别的脚步吧。今天的这场春雨，也在为你送行，它轻轻地撒在前行的路上，熄灭了一颗颗飘浮的尘埃，也按住了诗人那颗欲言又止、起伏不定的心。

"昔我往矣，杨柳依依"（《诗经·小雅·采薇》），从古到今，在送别的古道旁,总会长着几棵柳树,它们在客栈外吐露新芽,没心没肺地绿着,偏偏要在人们悲伤的时刻,展露它柔美的身姿。它一点也不在乎今天渭城的古道上,还有一位即将远行的人。或许,它在为朋友传话:柳树的"柳"和停留的"留"同音——希望你能留下来。

在这个时刻,能为元二说点什么呢?千言万语,已经说得太多了。想起的话儿在心头刚刚酝酿,还没出口,眼眶又先红了,只有一杯杯咽下的清酒,才能抑制住喉咙的哽咽。元二,再来喝一杯,等你西出阳关,即便是我的思念再长,也无法到达那里了。朋友,保重!

40. 独坐敬亭山

【唐】李白

众鸟高飞尽，孤云独去闲。
相看两不厌，只有敬亭山。

【解说】

　　李白的这首五言绝句，只有二十个字，篇幅短小，意思浅近。看似容易，要体验出其中的美，真的很难！我们必须在中国的道家思想中，才能真正溯源这首诗的美。

　　那是两千三百多年前的《庄子》中，有一位叫南郭子綦的人，一个人坐在自己的庭院里，靠着一条几案静坐。他调整呼吸，意守丹田，除去了心中的杂念和焦虑,忘记了自己的存在,渐渐地与天地融为一体,达到了天人合一的境界。他的学生站在边上,过了好久才问老师:"老师您坐在那里一动不动,形体就像是一块干枯的木头,内心平静得就像一抔死灰。今天的静坐不同于往日吧?"

南郭子綦告诉学生说:"你问得好!问得妙啊!我今天坐在这里把自己都丢了。你或许听过'人籁',那是人对着笛子发出的声响;你也或许听过'地籁',那是风吹山林,洞穴发出的声音。可是在今天我听到了'天籁'。"他的学生很好奇,就问老师:"天籁是什么呢?""天籁就是天地自然自己的节奏和脉搏,不靠风吹就能发出的声响。这种天籁之音,只有当一个人安静到极点,才能听得到"(见《庄子·齐物论》)。

庄子借南郭子綦和他学生的故事,想要告诉人们:安静的内心,具有洞察天地自然的能力。就好像流动的水面模糊不清,只有当水静默如渊像一面镜子时,才能倒映出岸边清晰的影像。"水静犹明,而况精神"(《庄了·天道》),道家的思想延续千年,其审美强烈地影响着后代的中国人,当然也包括大诗人李白。

那是753年的一天,五十三岁的李白来到宣城(今属安徽)。此时的李白已经离开长安十年了,那一段陪玄宗皇帝富贵优游的传奇经历,如梦幻泡影一般,成为了过去。"弃我去者,昨日之日不可留;乱我心者,今日之日多烦忧"(李白《宣州谢朓楼饯别校书叔云》),那就索性在青山绿水间,为自己那颗浮躁的心找一处安顿的地方吧!

宣州城外的敬亭山风景绝佳,每登上一级上山台阶,那根紧扣的心弦就会松弛一度。心中的挂碍少了,看到的风景就远了,当登上山顶的那刻起,那个世俗凡间就被远远地抛在了身后。充满着是非、执着、荣辱、成败、得失的身体,被一群远去的飞鸟所掏空,只留下一个空荡荡的自己,在看着天空发呆。

天上的白云无心去留,任意东西,似乎忘记了自己的使命,也忘记了自己来自何方、将去何处,就那样徜徉在天边,静等山风游走,可以变幻出惬意、悠闲的姿态,也可以被山风吹得一干二净、了无痕迹。只有放下,才能逍遥。这个时刻,你甚至能感到一个生生不息的世界:"天地有大美而不言,四时有明法而不议,万物有成理而不说。"(《庄子·知北游》)天地把一切真理呈现在了诗人的面前。

此刻,我为敬亭山而醉,想必敬亭山也会因为我而美,就在彼此的赏阅中,相守一生吧!

41. 望洞庭

【唐】刘禹锡

湖光秋月两相和，潭面无风镜未磨。
遥望洞庭山水翠，白银盘里一青螺。

【解说】

洞庭湖在湖南省的北部，长江中游，那是一个有两千五百多平方公里的湖泊。泛舟湖上，水光接天，一望无际，你只会感受到自身的渺小和烟波的浩渺。它广阔的气势，震撼了古今所有的诗人。

唐代的大诗人李白曾经来到洞庭湖，他不可一世的豪情在洞庭湖的前面，似乎被瞬间掩盖。他在诗中这样写道：

118

> 洞庭西望楚江分，水尽南天不见云。
>
> 日落长沙秋色远，不知何处吊湘君？（《陪族叔刑部侍郎晔及中书贾舍人至游洞庭五首》其一）

那条浩荡的长江被洞庭吞没，又从洞庭流出，长江被一分为二，究竟谁的豪情更大呢？

晚年的杜甫也曾登上岳阳楼，万顷湖面形成巨大的视觉冲击，让诗人有一种恍惚的错觉：

> 昔闻洞庭水，今上岳阳楼。
>
> 吴楚东南坼，乾坤日夜浮。
>
> 亲朋无一字，老病有孤舟。
>
> 戎马关山北，凭轩涕泗流。（杜甫《登岳阳楼》）

洞庭把吴、楚两国的土地分开两边，日月、星辰随着湖水的波涛上下沉浮，正如自己在大唐的疆域里漂泊不定的人生。

时至北宋，大文豪范仲淹面对一幅《洞庭晚秋图》大发感慨，写下了千古名篇《岳阳楼记》。八百里洞庭，激发出的是这位政治家胸中的一腔浩然之气，于是就有了"先天下之忧而忧，后天下之乐而乐"的名句。

洞庭湖上难道只有一种广阔的气势吸引古往今来的文人吗？显然不是。那里也有一片湖光山色值得品味。824年的秋天，唐朝诗人刘禹锡从夔州前往和州（今安徽和县）途经洞庭，此时的他是一位政治上的失意者，从他初次被贬官到如今已二十一年。这种流落江湖、被朝廷疏远的感受，不是所有的人都能明白的。

夜的降临，让浮躁不安的世界安静了下来，也放下了诗人那颗起伏不定、患得患失的心。天上的月亮真的好神奇，居然安抚住了这个"气蒸云梦泽，波撼岳阳城"（孟浩然《望洞庭湖赠张丞相》）的洞庭湖。那种气吞江河的豪情收敛了，一个宁静沉潜的世界出现了。在夜色的笼罩中，月光的温度和湖水的节拍，居然如此和谐。

湖上无风，一望无际的湖面，就像是一块未经打磨的铜镜，在细微的波纹中，一遍又一遍地研磨。湖上的君山只出现一个模糊的剪影，那里埋葬着舜帝的两位妃子娥皇、女英。相传舜帝南巡，两位爱妃千里寻夫，途经此山，忽听得舜帝驾崩的消息，她俩竟抱着竹子恸哭流泪而死。据说湘竹上的斑点，都是她们的泪水。但是今晚的君山无意讲述这个伤感的故事，它像一只青螺，趴在如银盘一样的洞庭湖里安睡，不声不响，免得让那些失意的骚人勾起太多的伤悲。

42 忆江南

【唐】白居易

江南好,风景旧曾谙①。日出江花红胜火,春来江水绿如蓝。
能不忆江南?

【注释】

①谙:熟悉。

【解说】

唐朝大诗人白居易祖籍太原,出生于今郑州新郑。年轻时,曾随做官的父
亲旅居江南。本以为一别之后就与江南再也无缘,没想到在他五十二岁时出任

杭州刺史,又回到了那个风光旖旎、烟柳画桥的江南。这次来杭州让诗人兴奋不已,一方面,可以远离朝廷内部纷争;另一方面,唐朝的杭州商贾云集、繁华富庶,是江南名郡。再加之这里有三秋桂子、十里荷花的美景,所以此次来杭州任职,真是千载难逢的好机会。

白居易在杭州为官三年,三年的时间,对一位喜欢游山玩水的诗人来说略显短促。杭州的美景,总是欣赏不够,他的足迹遍及杭州的西湖、灵隐、孤山、天竺,兴致所到,便吟咏赋诗。如果我们认为白居易来杭州只是为了写诗,那就错了,因为白居易还是主政一方的官员,是一位实干家。

来杭第二年(824),白居易发现西湖中泥沙淤积,周围田地干涸,城中百姓饮水困难,于是决定治理西湖。不仅修建了堤坝,蓄水浇田,还疏通了杭州城里的六口枯井,把西湖水引到城中。为此他写下了《钱塘湖石记》,刻在西湖旁边的石头上,告诉今后来杭州的官员,如何利用西湖水,为一方百姓造福。即便如此,他还谦虚地说:“三年为刺史,无政在人口。唯向城郡中,题诗十余首。”(《三年为刺史二首》其一)可是,老百姓怎能忘记他的功绩呢?在诗人任职期满离开杭州时,城中百姓夹道相送,一再挽留。两袖清风的诗人,只带走了几块天竺山的石头。他舍不得离开啊,在诗中这样写道:“未能抛得杭州去,一半勾留是此湖。”(《春题湖上》)

晚年的白居易回到洛阳,依旧过着富贵优游的生活。但是心中总有一个地方割舍不下,那就是杭州。于是在自家的庄园里,模仿江南园林的景致,修建了亭台楼阁,种上了梅兰竹菊,甚至开辟了一块不大不小的池塘,在那一坐就是一个晌午。于是在浅斟低唱之余,写下了三首《忆江南》。“江南好,风景旧曾谙”,对白居易来说,江南的美景早已印刻在他的记忆深处。那里有钱塘江里气势如雷的潮水,有天竺寺秋夜中悄悄飘落的桂花,还有一对对婀娜多姿的舞女,就像是醉倒的芙蓉花……

然而,只有这些还不足以说尽。对白居易来说,江南还有一种美,那是遍地黄土的洛阳所没有的,那就是靓丽的色彩。白居易在《忆江南》中这样说:

"日出江花红胜火，春来江水绿如蓝。"火红的太阳出来了，朝霞万丈，照耀着江水，岸边泛起的浪花，如同跳动的焰火，甚至比焰火还要红上几分。再看那湛蓝的天空倒映在澄澈的江水中，一派生机，翠绿的水草也浮动着蓝色的光辉。单凭这种色彩，那个江南也足够让人回忆！

43. 乡村四月

【南宋】翁卷

绿遍山原白满川, 子规声里雨如烟①。
乡村四月闲人少, 才了蚕桑又插田。

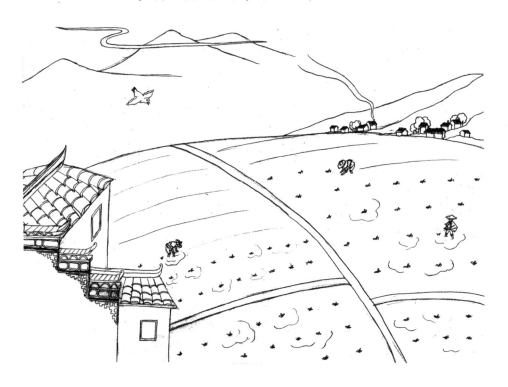

【注释】

①子规: 鸟名, 又名杜宇、杜鹃、催归。

【解说】

清代的大文人郑板桥曾说过: 天下第一等人就是农夫。有些农夫耕种
一百亩地, 有些种七八十亩, 有些种五六十亩, 都是靠辛苦的劳动和付出, 养

活了全天下的人。假使天下没有农夫，所有人都要饿死。而我们这些想做官的读书人，甚至比不上工匠和商人。工匠能制造物件，商人能用物资交易，都比一心想要升官发财的读书人要有用（郑燮《范县署中寄舍弟墨第四书》，《郑板桥家书》，中国书籍出版社2004年版）。

古往今来，也有一些诗人能和郑板桥一样理解农民的辛苦。唐朝诗人李绅看到田野里的农夫在骄阳似火的天地里劳作，顿生怜悯之情，写下了《悯农二首》诗：

> 春种一粒粟，秋收万颗子。
> 四海无闲田，农夫犹饿死。
>
> 锄禾日当午，汗滴禾下土。
> 谁知盘中餐，粒粒皆辛苦。

艰辛的劳作一定能换来丰厚的收成吗？值得怀疑。宋朝诗人张俞有一次进城，看到城里的达官贵人不养一只蚕、不采一片桑，却能穿上绫罗绸缎，他流下了悲伤的泪水，于是用诗歌控诉这个荒诞的现实："遍身罗绮者，不是养蚕人。"（《蚕妇》）

宋代诗人梅尧臣也发现了人世间这个不公平的现实。那些付出体力和汗水最多的人，往往得到的也最少：

> 陶尽门前土，屋上无片瓦。
> 十指不沾泥，鳞鳞居大厦。（《陶者》）

你看那些烧瓦片的工匠，把自家门前的土都挖光了，可自家的屋顶上竟没有半块瓦片，那些富贵人家，十指连泥土都不曾碰一下，却能住在铺满瓦片的高楼里。

　　这个社会公平吗？乡村田园真的如流连光景的诗人所说的那样，只有一派祥和吗？诗人翁卷就把自己看到的乡村写进了诗里。翁卷是南宋乐清（今属浙江）人，早年参加科举落第，为了生计四处奔波。晚年索性隐居在偏远的山村，专心写诗，以此终老。在他的经历中，有更多接触底层百姓的机会。

　　翁卷是一位诗人，他当然会用诗人的眼睛去看一个乡村的四月天。"绿遍山原白满川，子规声里雨如烟"——那一眼望不到边的稻谷，生长在泛着白光的水田里，它们酣畅淋漓地吮吸着雨水，只为注满自己翠绿的身体。山谷和原野也在四月的雨天里展示着优美的曲线，饱满而滋润，随着那满山遍野的鲜绿一直延伸到天地的尽头。一两只布谷鸟（子规）划过横横斜斜的风雨，飞过农夫的头顶，发出"布谷、布谷"的啼叫。啼叫声也让沉浸在乡村四月图画中的诗人缓过神来，它在苦口婆心地告诉人们："农忙时节可别懒，一分一秒不得闲。采完桑叶喂完蚕，最后还要插秧田。"

　　诗人眼中的诗情画意，在农夫的眼中就是现实的生活，容不得有半点诗意的想象。那飘飞的细雨，不是为了赴约朦胧的江南，而是来灌溉嗷嗷待哺的新苗。那翠绿的稻谷，不是为了装扮出美丽的田野，而是为了农家碗中渴望的米粒。农夫的口中没有华丽的词语，拿惯犁耙的手掌写不出诗篇，他们的双脚终生在田地里行走，只为耕耘出一个丰收的年景。这就是他们生活的全部啊！

44. 四时田园杂兴六十首（其三十一）

【南宋】范成大

昼出耘田夜绩麻①，村庄儿女各当家。
童孙未解供耕织，也傍桑阴学种瓜。

【注释】

①绩麻：把麻搓捻成线或绳。

【解说】

　　在中国传统的乡村中，一个有志向的男子，往往会通过读书、科举走向仕途，从此四处为官，开始他的仕宦生涯。但到了致仕以后，这个男子无论曾担任过多大的官职，晚年都想回到年轻时离开的乡村。因为每个身处在农耕文明中的中国人，都有一个田园情结。同时也相信一个真理——唯有读书和耕种，才是保持家族长久不衰的秘方。

我们不难理解读书的价值，因为它在赋予一个人思想智慧的同时，其世俗功用也能改变一个人甚至一个家族的命运。但是，只有读书也是不够的，一个家族要有生存的基础，那就是田园、耕地，这是衣、食的来源。每日劳作的乡民在耕种中获得温饱的同时，也和泥土有了深厚的情谊，甚至产生了对泥土的信仰，并内化在了每个中国人的基因中。新诗人臧克家在他的诗作中说："孩子在土里洗澡，爸爸在土里流汗，爷爷在土里埋葬。"（《三代》，《臧克家文集》，华夏出版社2000年版，第77页）。

乡民们在辛勤的劳动中得到了艰难的收获。与此同时，他们也发现，这种脚踏实地、吃苦卖力得到的收获最为踏实，也最有安全感。当劳动变为生活的一种方式时，一个人也会涵养出了醇厚、质朴的德行。这种德行会让读书人守住自己的良心，让人生的路走得更远。

范成大就是这样一位读书人。他出生在吴县（今属江苏苏州），早年考中进士。在朝中先后担任过吏部员外郎、中书舍人、礼部尚书，主持过科举考试。也担任过地方知州，兴修水利，赈济百姓。还曾作为大使，出使金国，不辱使命。在功成名就之后，怡然回到吴县的石湖，归隐田园。他写了一组诗，共六十首，记录乡村春夏秋冬、一年四季的农耕生活。这些诗都是范成大性情所至、有感而发的创作，所以称之为"杂兴"。

范成大的这首诗犹如农村田园的生活写实：乡村男女白天在田里除草插秧，夜晚回来搓麻织布，没有半点空闲的时刻。就是这种繁重的劳作，让一家老小有了口中的食物和身上的衣服，甚至维系着一个家庭的延续。家中的儿女尚小，他们不懂得做父母手中的活计，也不懂得父母生活的辛苦，那就在桑树下面一边乘凉，一边玩着栽种瓜苗的游戏吧。父母的辛苦让人心头一酸，孩童的可爱让人心头一乐，一酸一乐就融合在了乡村的田园里，这就是地地道道、原汁原味的农家生活啊!

这首诗歌,语言风格通俗质朴,就如老农手中的犁耙和锄头,没有装饰,略显笨拙;但因为有儿童天真烂漫的身影,也让诗歌有了一种老树开花的机趣。表面上看,范成大在写这首诗时,就好像一个旁观者,不动声色地用诗笔记录下一个片段式的场景。其实,仔细品味诗中的含义,诗人对这种忙碌充实、简单朴素、富有生机的农家生活充满情感。这种情感,就来自对农耕文明的认同,以及对泥土的信仰。

45. 渔歌子

【唐】张志和

西塞山前白鹭飞，桃花流水鳜鱼肥。
青箬笠，绿蓑衣，斜风细雨不须归。

【解说】

　　《渔歌子》也叫《渔歌曲》，是唐朝诗人张志和创作的一首歌曲。他三十岁，就在湖州城西的西塞山隐居，从此过上了渔父的生活，浪迹江湖，自号"烟波钓徒"。这首曲子，唱的就是他归隐后得意自如的生活。

　　三十岁的张志和，正值壮年，为何偏偏选择归隐、去做一个渔父呢？说来话长,幼年的张志和天资聪颖,三岁读书,六岁能文,过目不忘,惊动了唐玄宗,这是一个神童。十六岁时,又凭借自己道教方面的特长,深受肃宗皇帝的喜爱,留在了翰林院。二十一岁,在回家省亲的途中,协助地方官吏除奸灭盗,有"神张"之称,当地老百姓说:"宁见阎王,莫犯神张。"安史之乱爆发后,张志和又协助肃宗平定战乱,可以说立下了汗马功劳。这些都是在他二十六岁前取得的成就(见《张志和年谱》)。

一般人在这个时候,一定会得意忘形、憧憬飞黄腾达的人生。但是张志和有智慧,他知道在朝廷你争我斗的政治漩涡里,要想做到明哲保身实属不易。于是在二十七岁那年,借为母亲守丧,离开了朝廷。守孝三年后,索性隐居在西塞山中。这就是功成身退,在古人眼里这是高级智慧,知道的人很多,能做到的人很少。那些舍不得放手的人,往往后悔莫及。

张志和放下了。在西塞山下江湖中做一个渔父,何尝不是人生的逍遥呢?藏身青山绿水间,品味清风与明月,携一壶老酒,约一两个知己,看潮起潮落,听秋风春雨,与白鹭为伴,与麋鹿为友,一切无为自然。等到春江水暖、鳜鱼最肥的时候,头戴箬笠,身披蓑衣,在斜风细雨中,做一个真正的"烟波钓徒",这何尝不是一种成功呢?

其实"渔父"这个词,在中国的文化里是一个智慧的符号。战国时候的屈原曾对楚王一片忠心,结果被流放。一位渔父问他:为何被流放至此啊?屈原说:"举世皆浊我独清,众人皆醉我独醒,是以见放。"(《楚辞·渔父》)渔父告诉他:圣人能够随着世道一起变化。世人都肮脏,你为何不搅浑泥水扬起波;大家都迷醉了,你为何不既吃酒糟又喝酒?屈原说:我宁愿跳到湘江葬身鱼腹,也不愿被世俗污染。渔父一边摇着桨,一边唱着歌离开了屈原:沧浪江水清澈我就洗洗帽缨,沧浪江水浑浊我就洗洗脚。于是掉头不顾,离开了屈原。

执着的屈原不明白渔父的意图,但是张志和明白:放下那颗执着功名的心,才能获得生活的自在。就像战国时候的庄子,他在濮水之上拿着鱼竿,头也不回，还给站在身后重金聘请他的使者讲起了故事：有只神龟被楚王包裹起来，装在华丽的箱子里，放在庙堂之上供奉，这只乌龟到底想活着呢？还是想死了获得这样没有自由的尊贵呢？使者说：当然想活着啊！庄子说：我也想做一只活着的乌龟，自由自在地在泥涂中爬行，你们还是回去吧！这正是张志和内心的所想，只不过庄子讲了一个故事，而张志和却唱了一首《渔歌子》。

46.过故人庄

【唐】孟浩然

故人具鸡黍，邀我至田家。
绿树村边合，青山郭外斜。
开轩面场圃，把酒话桑麻。
待到重阳日，还来就菊花。

【解说】

　　中国人的田园梦根深蒂固，渗透在思维和基因之中。在那个梦想的田园里日出而作、日落而息，有几亩田地解决温饱，有一院房子遮蔽风雨，儿孙满堂，以此终老，便是最适意的人生。生活在今天的现代人，对这种传统的小农生活嗤之以鼻，认为它原始落后、封建保守，与现代文明格格不入。但我却想说，这种简单、宁静、朴拙、不用智的田园生活，正是对现代文明的救赎，或许是一种更为高级的生存智慧。

"现代文明"并不是一个褒义词，它是一个中性词，只是告诉我们人类当前的生存状态。并不是所有的现代文明都意味着进步，也不是所有的现代生活都能带来幸福。我们在追求效率、目的、结果的同时，也被现代社会的规则所绑架。我们时常焦虑，生怕自己被更为先进的技术代替，于是我们拼命提高工作的节奏，与他人拼，与机器拼，与自己拼。整日神经紧绷，身心俱损，常常疲惫不堪，精神抑郁，这就是现代病。可以说，生活在当下、用科技全副武装的我们，所拥有的幸福感，未必就比那些没有电脑的古人强。当我们被现代生活折磨得遍体鳞伤时，那个隐藏在中国人基因中的农家田园，就会时不时浮现在我们的脑海中。

唐代诗人孟浩然就把我们引向了一个农家的院落，那里有一位老友热切等候着诗人的出现。粮食是自己种的，颗粒金黄；酒是自家酿的，浓香四溢；鸡是自己养的，肉肥汤美；菜是自己摘的，叶绿汁甜。饭菜的香味比老友还要热情，在进门的那一刻，就钻到了诗人的鼻子里。

关上庭院的门来，一种前所未有的舒展弥漫开来。绿树环绕在村庄的周围，青山横躺在城郭的外面，它们守护着田园，圈住了一院子的温馨。这样的背景，简单而踏实："绿树村边合，青山郭外斜"，诗人略作交待，好似卡通式的写意。

这位农家的朋友，把盛满的米酒，一杯一杯地劝进诗人的肚子里。真挚而朴素的热情，胜过多少言语的问候。当然，这位农家的朋友，也不会出口成章写出唱和的诗篇来。在他笨拙的言语里，都是庄稼收成，鸡狗牛羊，蚕儿多养了几些，桑树又种了几棵，窗子外的菜圃里撒上了韭菜的种子，屋后的空地留给了桃树的秧苗。土地里生长的，都是生活的憧憬，在年复一年平淡恬静的日子里，看着麦苗吐穗、蚕儿结茧、儿孙成长，每天都有一个小小的盼头。

此情此景，似曾相识。在老友的话语里，孟浩然仿佛走进了东晋陶渊明笔下的桃花源。那里"土地平旷，屋舍俨然，有良田、美池、桑竹之属"（陶渊明《桃花源记》）。男女老少自得其乐，他们在桃花源里繁衍生息，一住就是几百年。原以为桃花源只是个梦境，现在竟然如此真实地出现在老友的院子里。

一个白天过去了，诗人还要回到那个喧闹的城里。朋友粗糙的手拉着他舍不得他走："别忘了九九重阳节那天，你还要来我这里，看看我满院的菊花。"

47. 泊船瓜洲

【北宋】王安石

京口瓜洲一水间①, 钟山只隔数重山。
春风又绿江南岸, 明月何时照我还?

【解说】

　　诗歌是语言最凝练、最具艺术的表达。一首七言绝句, 表面上看只有四句二十八个字, 但在诗人那里, 每个字都倾注了心血, 都是诗人殚精竭虑、精心雕琢的结果, 这种作诗的方法, 我们称之为"苦吟"。

　　王安石算是一位。他在《泊船瓜洲》这首诗中, 也曾有个字让他寝食难安, 改了又改。究竟在哪里呢? 这首诗写在他离开钟山(今南京紫金山)、前往汴京

（今河南开封）任职的路上。长江北岸的瓜洲（今属江苏扬州）与对岸的京口古城（今属江苏镇江）隔江相望，永不接壤。此情此景，让诗人黯然伤怀。钟山的家，也被这数重青山层层阻隔，人世间的离别不知道有多少啊！离家在外的人，总有一根特别敏感的神经，于是前两句诗写好了："京口瓜洲一水间，钟山只隔数重山。"娓娓道出，略不经意，似乎没有苦吟的痕迹。

前方的终点遥不可及，身后的家乡渐行渐远。江南的春天每年都会来，有情有信，我这一去京城，是否还能回来呢？于是后两句诗油然而生："春风又到江南岸，明月何时照我还？"诗写好了，总感觉那个"到"字用得不妥——平凡而庸俗，没有美学的张力。到底用哪个字好呢？那就改为"过"吧，也不好；改为"入"？也不妥。一直改，一连换了十几个字，最后终于改为"绿"——"春风又绿江南岸，明月何时照我还？"这个"绿"字好啊，活泼泼的生机，力透纸背。它是春的色彩，还是希望和期待。等我回来的时候，但愿有明月伴随，最好还在一个生机盎然的春天。

苦吟可不是王安石的专利。唐朝诗人贾岛算是前辈，他写诗可谓呕心沥血：

> 二句三年得，一吟双泪流。
> 知音如不赏，归卧故山秋。（《题诗后》）

就为了一个字，搜肠刮肚，反复斟酌，以至于走火入魔。有一次他骑着驴子，看到长安城里黄叶飘飞，突然冒出一句诗来——"落叶满长安。"一句不够，又冥思苦想，艰难得出"秋风吹渭水"。欣喜之余，却撞上了长安城里权贵的车马，结果被拘留了一个晚上（《诗话总龟》卷11《苦吟门》）。

一位诗人骑着一头走心的驴子，自然就会惹出很多麻烦来。又有一次在驴背上用手比划"鸟宿池边树，僧敲月下门"，到底用"敲"好呢，还是用"推"好呢，在推敲之中，驴子又撞上了大文学家韩愈的车子。韩愈问明缘由，被贾岛的精神感动了，二人从此成为知己（宋胡仔《苕溪渔隐丛话·前集》卷19引《刘公嘉话录》)。

　　贾岛这种苦吟精神，成为一些诗人学习的榜样。唐朝诗人方干说"才吟五字句，又白几茎髭"(方干《赠喻凫》)、"吟成五字句，用破一生心"(方干《贻钱塘县路明府》)；卢延让也说"吟安一个字，捻断数茎须"(《苦吟》)，他们的苦心经营在告诉世人，写诗不是随便的玩好，每个字块的上面，都凝聚着心血。那不是诗，是诗人的生命！

48. 秋 思

【唐】张籍

洛阳城里见秋风，欲作家书意万重。
复恐匆匆说不尽，行人临发又开封。

【解说】

　　西晋时期，有位名士叫张翰，唐朝有位诗人叫张籍，这两个人相距五百多年，除了都姓张外，没有半点关系。但是两人又有很多相似性：他们都有客居洛阳的经历，两人也曾在秋风吹起的时候想起了故乡，他们的内心深处都有一缕无法释怀的乡愁。

先来说说西晋的张翰。这个人绝对是一位性情中人。他的家在吴郡吴县（今属江苏苏州），有一天听到有琴声悦耳，于是循声而去，正是会稽名士贺循在船上弹琴，两人交谈，一见如故。当得知贺循前去洛阳，他二话不说，连家人都没告诉一声，就一同坐船而去了。这次出走可谓任性（《世说新语·任诞》）。

难道张翰对自己的故乡一点也不留恋吗？当然不是。当洛阳城里秋风吹起的时候，他想到了这个季节，正是家乡菰菜美、莼羹香、鲈鱼肥的季节，于是他对别人说：人生最宝贵的就是要追随自己的内心所想，怎么可以离家千里、为了功名去当官呢？于是弃官而去，回到故乡，去寻找他熟悉的味道（《晋书·文苑列传·张翰传》），并且还写诗一首：

秋风起兮木叶飞，吴江水兮鲈正肥。

三千里兮家未归，恨难禁兮仰天悲。（《思吴江歌》）

从此，"莼鲈之思"便成了一个成语，专指思乡。

这场勾起乡愁的秋风从西晋吹起，就从来没有停过。五百年后的一天，也让旅居洛阳的唐朝诗人张籍为之动容。他或许也会想起张翰的故事，但是他却没有张翰的任性。这场秋风用它的萧瑟和清冷提醒每一个游子：时间过去大半，离家又是一年，是该写一封家书的时候了。写些什么呢？平时有千言万语，真要提起笔来，却又不知从何说起：

写自己生活如意，即便现实的生活困顿不堪。

写自己身体健康，即便疲惫的身体每况愈下。

写自己过得富足，即便有时也难免捉襟见肘。

写自己前途远大，即便渺茫的仕途几经坎坷。

写自己朋友如云，即便身边没有几个真朋友。

……

一定还要问问家乡的亲人：

问问母亲酸痛的胳膊，是否还能操持繁重的家务。

问问鬓角斑白的父亲，是否还有一壶解闷的老酒。

问问家中年少的弟妹，是否已长大懂事学业有成。

问问邻里儿时的伙伴，是否还记得年少时的游戏。

问问几亩薄地的收获，是否能盛满一家人的饭碗。

……

这封家书从写下第一个字起就没有停下来，思绪飘飞，五味杂陈，一直写到捎信的人眉头紧蹙，才停下笔来。张籍把这一叠厚厚的纸放进一个结实的信封里，按了又按，摸了又摸，也想把手心的温度带给家人。

"时间不早了"！捎信人接过信，就踩上了马镫。右脚还没离地，就见张籍顿足失色："壮士请留步！还有一句没写——'明年秋天我一定回家！'"

49. 长相思

【清】纳兰性德

山一程，水一程，身向榆关那畔行。夜深千帐灯。　　风一更，雪一更，聒碎乡心梦不成。故园无此声。

【解说】

　　今天的我们喜欢听流行歌曲，一首好歌曲，不但要有优美的曲调，还要有能让我们感动的歌词。古人也有属于他们的歌曲，也有他们喜爱的歌词。这些词曲原本是宫廷和民间艺人的创作，后来一些文人也开始为曲子填写歌词，于是填词就变成了一门艺术。为一首曲调填词，比单纯写一首诗还要难，因为写诗懂得格律就够了，而填一首词不但要懂得词的格律，还要考虑文字是否能唱

142

着顺口,所以填词并不是一件容易的事情。

在宋代,出现了一批填词的大家,而且出现了两个截然不同的流派。一派以柳永、李清照为代表,他们喜欢在词中写爱情,相当于今天的情歌,歌词柔软妖媚,强调歌词一定要符合音律,这一派我们称之为"婉约词"。另一派则以苏轼、辛弃疾为代表,他们喜欢在词中抒发壮阔的情感,词句慷慨激昂,往往突破音律束缚,相当于今天的军歌,我们把它称之为"豪放词"。这两派词作,虽然词风不同,但都达到了登峰造极的地步。于是宋词也就成了宋代最具代表性的文学样式。

宋代以后,也有一些文人相继填词,不是模仿婉约词,就是模仿豪放词,终究难成气候,少有大家。如果非要说一位,那就算是清代的纳兰性德了。晚清词人况周颐称赞他为"国初第一词手"(况周颐《蕙风词话》)。王国维甚至认为他的词"北宋以来,一人而已"(王国维《人间词话》)。在清朝初年,甚至有一种夸张的说法——"家家争唱《饮水词》,纳兰心事几人知?"(曹寅《题楝亭夜话图》)《饮水词》就是纳兰性德的词集。

纳兰性德出身显赫,与当朝皇帝沾亲带故。而且天资聪颖,饱读诗书,曾主持编纂过儒家经典汇编《通志堂经解》,享受着正三品的待遇,可以说集富贵、才华于一身,深受康熙皇帝器重。这首《长相思》写于康熙二十一年(1682)二月,陪皇帝出巡关东、祭祀皇陵的途中。

二月的山海关,天气寒冷,风雪凄迷,但是难以阻挡皇帝祭祖的虔诚。上万名将士不辞辛苦,即便是"山一程,水一程""风一更,雪一更",宝剑被风雪凝固,也要朝着榆关(今山海关)方向前进,因为他们知道这是大清帝国最重要的典礼。深夜里,将士们在旷野的风雪中支起了千顶帐篷,油灯在呼啸的狂风中顽强地亮着,随时可能会被风雪淹没。

有谁能在这样的夜晚入睡呢?康熙皇帝睡不着,他想把平定战乱的消息告诉给永陵的祖先们,并希望得到祖先们的护佑,永葆江山社稷。等过了山海关,那里就是清朝的先祖们安睡的地方了,一路的严寒只是朝拜途中上天的考验。今夜，陪皇帝出巡的将士们也睡不着，怒吼的北风裹着大雪拼命地撕扯着军帐，昭示着自然的威严，让将士疲倦的身体得不到片刻休息。在这个夜里，他们都会想到自己温暖的故乡，那里没有暴雪的嘶吼和军将的号令，有的是爹妈的絮叨、妻子的温柔、孩儿的撒娇，还有灶台里点燃的柴火发出的"噼噼啪啪"的声音，那是家的声音。

50. 牧 童

【唐】吕岩

草铺横野六七里，笛弄晚风三四声。
归来饱饭黄昏后，不脱蓑衣卧月明。

【解说】

说起唐朝诗人吕岩，大家不一定知道他的名字，但要提起神话传说八仙过海中的吕洞宾，没有一个人不知道他的大名，其实二者就是同一个人。吕洞宾真有其人，只不过在后代的神话传说八仙故事中，夸张地演绎了他的故事，让我们误以为他是一个虚构的人物。

　　吕岩，名岩（岩或作"嵒"），字洞宾，道号纯阳子，是道教全真派的祖师，蒲州永乐县（今属山西永济）人。早年饱读诗书，在唐敬宗宝历元年（825）高中进士，当过地方官吏。但是这种世俗的生活并不是他的本意，于是他抛弃人间的富贵功名，用万贯家产救济苍生，随后求仙访道去了。其后不知所终，凡间只留下了他的故事。

　　传说他曾在一家客栈中遇到了神仙汉钟离。汉钟离见他是可度之人，就给了他一个枕头，吕洞宾接过枕头就进入了梦乡。梦中的他考中进士，当了知县，不久又入翰林院，娶了娇妻，子孙显达，最终官至宰相，尽享荣华富贵十余年。梦还没有做完，就在他洋洋得意时候，突然获罪，家破人亡，妻离子散，一切都成了过眼云烟。这时，吕洞宾才从痛苦的梦境中醒来，起身发现，汉钟离就在身旁。人生如梦，有谁不在梦中呢？正在做梦的人不知道自己在做梦，我们在睡梦中又在做更深的梦。当我说你在做梦时，我也是在梦中，世事皆虚幻啊！

　　要想成为神仙，要懂得看破红尘，跳出幻境，所以在吕洞宾的诗歌中，常常隐含着点化别人的玄机。他劝解世人，不要执迷不悟，要把世俗的名利放下，才能离神仙的世界更近。这首《牧童》诗，表面上是写一个自在的童子，实际是在讲神仙的逍遥。你看诗中的牧童，天真烂漫，一派自然，手拿横笛，身披蓑衣，与老牛为伴，与明月为友。困了就躺在田野六七里的青草中，闲了就拿出笛子吹几首无名的小调，黄昏就回家吃几口粗茶淡饭，夜晚就穿着蓑衣酣睡在明月相随的梦里。吕洞宾笔下的这个牧童过得逍遥，因为他的心中没有腰缠万贯的梦想，没有尔虞我诈的心机，也没有欲壑难填的苦恼，只有天真自在的潇洒。

　　凡人们都羡慕传说中的神仙，看他们千变万化、长生不老，却又放不下牵挂，把功名利禄死死地拽在手里。诗中这个小牧童，足够让成人汗颜。到底谁更接近神仙呢？北宋有一位诗人叫黄庭坚，这个人虽然不是神仙，但在七岁的时候也写了一首《牧童》诗：

　　骑牛远远过前村,吹笛风斜隔陇闻。

　　多少长安名利客,机关用尽不如君。

也是一位牧童,骑着青牛,短笛横吹,悠扬的笛声隔着田垄都能听见。你看那些到长安城里求取功名的人,哪一个人能比得上你呢? 这是黄庭坚七岁时写的诗,想必他已经有了神仙的慧根。

　　这两首诗里都在写无忧无虑的童子。他们都发现一个道理,一个人最为可贵就是童心,因为它纯真无伪,具备了智慧和一切可能。如果失却了童心,就连一个真实的人都做不了,何况要成为神仙呢!

51. 舟过安仁

【南宋】杨万里

一叶渔船两小童，收篙停棹坐船中^①。
怪生无雨都张伞^②，不是遮头是使风。

【注释】

①篙：撑船用的竹竿或木杆。棹：船桨。　②怪生：难怪，怪不得。

【解说】

杨万里是南宋诗人，他的诗歌和典型的宋诗有很大的差别。在他之前，北宋后期有一个诗歌流派叫江西诗派。这个诗派中,诗人的籍贯大多都在北宋的江南西路,所以就称之为"江西诗派"。以黄庭坚为首的这派诗人,写诗宗法唐朝的杜甫,认为杜甫的诗歌中字字句句都有来历(《豫章黄先生文集》卷19《答洪驹父书》),于是他们便效法杜甫的写诗法,把自己的学问放进诗中。

如何把学问放进诗里呢?诗学评论家严羽在《沧浪诗话》中认为,他们"以文字为诗,以议论为诗,以才学为诗"(严羽《沧浪诗话》卷1《诗辩》),与真正的诗歌背道而驰。"以文字为诗",就是认真推敲每一个字,做到字字有来历,让它有创意,有深意,产生不俗的效果。"以议论为诗",就是在诗歌当中发表自己的观点见解,表明自己的思想态度,又可以阐发哲理,抒发感悟。"以才学为诗",就是把经、史、子、集中的典故,巧妙地放进诗歌的字句中。没有才学写不了诗,没有才学也读不懂诗。诗歌在宋人的笔下,不再是情感自然流露的结果,而是知识和学养的积累。

这样写诗能出现经典的作品吗?答案是肯定的,于是在中国诗歌史上就有了唐诗和宋诗两个流派。年轻人喜欢读唐诗,因为它朗朗上口,一派青春自然。中年人喜欢读宋诗,因为它深刻睿智而不乏理趣锋芒。遗憾的是,宋诗不容易写,也不容易读懂,如果你学问不够,你甚至不知道诗人在写什么,读诗就变成了猜谜。所以严羽认为,江西诗派写的宋诗比之于唐诗,总是欠缺一点一唱三叹的韵味,离诗歌的本质越来越远(《沧浪诗话》卷1《诗辩》)。

到了南宋的时候,一些诗人逐渐认识到江西诗派的流弊,他们想要重新找到写诗的灵感。于是出现了一些诗人,他们抛弃了江西诗派的理路,寻找自己的"活法";放下手中的书本,置身窗外的自然;放下知识的束缚,打开封闭的心灵,他们在天地自然间,找到了写诗的自由,杨万里就是其中一位。他早年学习江西诗派,到了晚年终于有了自己的风格。他的诗语言清新自然,内容幽默诙谐,自成一体,后人将他的诗称为"诚斋体"。诚斋,是他的号。

篱落疏疏一径深,树头新绿未成阴。

儿童急走追黄蝶,飞入菜花无处寻。(《宿新市徐公店》)

他的诗中总是少不了天真可爱的儿童。那个茫然无措的孩子,至今还凝固在我们的记忆中。儿童的天真烂漫,正是杨万里诗中最为灵动的诗意。

一天,杨万里乘船路过安仁县(今江西赣州余江区)。江面上清风不绝,坐在船头的诗人,被风儿快乐地捉弄着胡须、衣袍,好一个清爽的天气! 顺风的船儿鼓起风帆,抖足了精神,把两个只能靠划船前进的孩子,远远甩在了身后。有风借不上,有劲没处使,只能眼巴巴地看着诗人的船儿经过。这怎么可好呢?

就在这时,一把雨伞在小船上撑开了。在挡雨吗? 并不是。原来,机智的孩童把雨伞当成了风帆,也想借十里清风,走一段顺风顺水的路。看到这个场景,诗人乐了。儿童的创意,就是天地间最好的诗歌。

52 清平乐·村居

【南宋】辛弃疾

茅檐低小，溪上青青草。醉里吴音相媚好，白发谁家翁媪^①？　　大儿锄豆溪东，中儿正织鸡笼。最喜小儿亡赖，溪头卧剥莲蓬。

【注释】

①媪（ǎo）：年老的妇女。

【解说】

辛弃疾出生在历城（今山东济南），那里本是大宋的疆土。自从南宋高宗和金人签订了"绍兴和议"后，宋、金两国就以淮河为界各自为政。生活在金国的宋人当了亡国奴，他们在原本属于自己的土地上，忍气吞声，接受金人的统治。千千万万留在金国的宋人，夜夜盼望着大宋的将士挥戈北上，收复中原，重新当上大宋的子民。

可是患有"恐金症"的南宋皇帝和投降派们，在杭州城里乐不思蜀，真是"暖风熏得游人醉，直把杭州作汴州"（林升《题临安邸》）。这让一些爱国之士扼腕流泪，辛弃疾的祖父就是其中的一位，他曾带着孙儿四处考察地形，期待他成为一名抗金的英雄。二十一岁那年，辛弃疾参加了抗击金人的起义军，并率义军回归了南宋。这让南宋朝廷很为难：一方面，他们不想让爱国义士的举动耽误宋、金议和的大好形势；另一方面，又要假装摆出一副积极抗金的姿态以安抚百姓的愤怒。于是就授予了辛弃疾一个文官官职，既让百姓看到朝廷厚待英雄的举动，同时也让辛弃疾失去前线抗金的机会。

这好比把一只猛兽关进了一个黄金做的笼子里，又好比夺取了英雄手中的宝剑，让他无可奈何。辛弃疾在南宋朝廷当官二十余年，既然不能身赴前线收复失地，那就向朝廷献上自己的图存救亡计策吧。可是，自己的一片良苦用心得不到君王的赏识，一封封奏折如石沉大海，他只能在梦中，重新回到那个"挑灯看剑"的沙场。

梦中的他依旧驰骋在号角齐鸣的沙场，他矫健的身姿贴服着奔驰的骏马上下翻腾，一嗖嗖羽箭连发，如电闪霹雳，穿过层层铠甲钩织的屏障，直达敌人的咽喉。

千古江山，英雄无觅，孙仲谋处。舞榭歌台，风流总被，雨打风吹去。斜阳草树，寻常巷陌，人道寄奴曾住。想当年，金戈铁马，气吞万里如虎。

元嘉草草，封狼居胥，赢得仓皇北顾。四十三年，望中犹记，烽火扬州路。可堪回首，佛狸祠下，一片神鸦社鼓。凭谁问，廉颇老矣，尚能饭否？（《永遇乐·京口北固亭怀古》）

可是一场梦醒之后,被那一身官袍束缚得浑身不自在。

他的能量得不到释放,于是就把一腔压抑的豪情写成诗词。他的词不是柔媚华丽的婉约词,专写花前月下的男女相思、离愁别绪。他的词是豪放词,更是英雄词,擅长写壮志难酬的哀伤,在沉闷的铺叙中,暗藏着巨大的能量。这位悲情的英雄,常常有别人不能理解的苦闷,他曾登上了南京的赏心亭,写下:

> 楚天千里清秋,水随天去秋无际。遥岑远目,献愁供恨,玉簪螺髻。落日楼头,断鸿声里,江南游子。把吴钩看了,栏杆拍遍,无人会,登临意。 休说鲈鱼堪脍,尽西风,季鹰归未?求田问舍,怕应羞见,刘郎才气。可惜流年,忧愁风雨,树犹如此。倩何人,唤取红巾翠袖,揾英雄泪?(《水龙吟·登建康赏心亭》)

时光易逝,英雄也有被朝廷磨平棱角的时候。

在辛弃疾四十二岁那年,在江西上饶的带湖建成新居,终日与老农为伴,过上了隐居的生活。这首《清平乐·村居》就写在闲居在家二十六年的时间里。农家草屋茅檐低小,小溪旁边芳草青青,白发翁婆说着软媚的吴语。大儿子在小溪东边为豆田锄草,二儿子忙着编织鸡笼,最调皮的小儿子横卧溪头,剥着新鲜的莲蓬。这就是农家田园的日常,在动态中呈现出一派风平浪静的祥和。

这种祥和,正是南宋苟且度日的君臣们希望看到的:让老百姓不要去思考;让百姓不要去管国家的事;让百姓接受屈辱的现实;让有思想的人成为罪人。把提出问题的人解决了,天下就没有问题了。

祥和是百姓的麻木,是英雄的无奈。时光就这样一天一天地老去了,乡村平淡闲适的生活,慢慢地冲淡了宋、金两国交战的烟火。这个民族承受的苦难和耻辱,也在英雄的老去中慢慢忘却了。这无疑是可悲的,但最为可悲的是,大多数人只知道辛弃疾是一位词人,却忘记了他曾是一位抗金的英雄。

53. 浪淘沙九首（其一）

【唐】刘禹锡

九曲黄河万里沙，浪淘风簸自天涯。
如今直上银河去，同到牵牛织女家。

【解说】

唐朝诗人刘禹锡生活在中唐时期。那个传说中的盛唐气象、开元盛世，已经成了文人们遥不可及的幻想。唐朝大诗人杜甫曾经回忆大唐最鼎盛时期：

忆昔开元全盛日，小邑犹藏万家室。
稻米流脂粟米白，公私仓廪俱丰实。

154

> 九州道路无豺虎，远行不劳吉日出。
>
> 齐纨鲁缟车班班，男耕女桑不相失。
>
> 宫中圣人奏《云门》，天下朋友皆胶漆。（《忆昔二首》节选）

在那个时期，大唐帝国人口众多，社会繁荣富足。可是这样的好日子没过多久，大唐子民的美梦就被安禄山和史思明的叛军惊扰了。"安史之乱"以后，大唐盛世就一去不复返了。

自唐玄宗之后，唐朝再也没出现力挽狂澜的中兴之主，所以一系列社会问题也就日益突出。比如说藩镇割据，一些掌握军权的节度使拥兵自重，威胁着朝廷的安全。而朝廷之中不是官员之间你争我斗，就是宦官专权，把持朝政。在民间，底层百姓被朝廷的赋税压得喘不过气来，宫里的宦官还要去市场公开掠夺百姓的财物。这样的现实一定有人想去变革，我们熟悉的刘禹锡、柳宗元就在其中。他们受到唐顺宗的支持，打击宦官的，不料遭到宦官的强烈反对。再加上顺宗皇帝突发重病，一场政治变革就这样草草收场了。宦官气焰再度嚣张，那些参与变革的官员，都被流放到偏远的不毛之地。

纵观刘禹锡的一生，可谓坎坷。在他七十一年的生命中，将近有二十三年的时间被贬谪在外。刘禹锡信奉儒家之道的"达则兼济天下，穷则独善其身"，于贬谪在外的时光里，不能在政治上有所作为，那就终日以文章自娱，他与韩愈、柳宗元、白居易这些当时文坛一流的大家，都有诗歌唱和。写诗的确是一种排解苦闷、表达心志的好方法。

刘禹锡以《浪淘沙》为题，总共写了一组九首诗。"浪淘沙"本是唐朝教坊中的一个曲牌名，谁都可以根据曲调填入新词，并且曲牌和词义之间可以没有任何关联。但刘禹锡却直接用了"浪淘沙"三个字的本意述志感怀。

"浪淘沙"的本意是什么呢？大浪淘沙，淘尽沙石，真金始见。"九曲黄河万里沙，浪淘风簸自天涯"，你看那万里黄河由西向东，裹挟泥沙，巨风颠簸，来自天涯。它就像人世间艰难的征途，百折千回，一路坎坷。这条路上泥石俱下，随波逐流。得势猖狂者，气焰嚣张，瞒天过海。正直忠诚者，受人排挤，颠沛流离。大浪淘沙，是否能淘去污浊、正本清源，留下一个公公平平、明明白白、清清朗朗的乾坤呢？刘禹锡是坚信的：

> 莫道谗言如浪深，莫言迁客似沙沉。
>
> 千淘万漉虽辛苦，吹尽狂沙始到金。（《浪淘沙九首》其八）

让我们沿着这条大河，追根溯源，飞上九万里的高空吧！那里星光灿烂，河汉清浅。只有高洁的身躯和伟岸的灵魂，才能到达那个一尘不染的世界。不要说那里太高冷，你看那银河两岸的牛郎和织女，他们温柔地相守，就能化解人世间的一切不幸和悲凉。

54. 七律·长征

毛泽东

红军不怕远征难，万水千山只等闲。
五岭逶迤腾细浪①，乌蒙磅礴走泥丸②。
金沙水拍云崖暖，大渡桥横铁索寒。
更喜岷山千里雪，三军过后尽开颜。

【注释】

①五岭：指大庾岭、骑田岭、都庞岭、萌渚岭、越城岭。逶迤：山路弯弯曲曲、连绵不断。　②乌蒙：乌蒙山，位于云、贵交界处，北临金沙江。

【解说】

看到毛泽东诗歌标题中的"长征"两个字,我们就会想起唐朝诗人王昌龄《出塞》中的名句:"秦时明月汉时关,万里长征人未还。"只可惜,王昌龄的诗中是将士们有去无回的悲壮,而毛泽东的诗中则是红军排除万难的自信。

那是1934年的10月,国民党反动派的围剿层层逼近,中央红军遇到了前所未有的困难。为摆脱不利的形势,红军不得不进行战略性的大转移,于是一场前所未有的长征拉开了序幕。红军从江西瑞金出发,突破敌人的重重封锁线,强渡乌江,占领遵义,四渡赤水,越过金沙江,横穿大渡河,飞夺泸定桥,翻雪山过草地,途经十四个省、十八座大山,跨过二十四条大河,走过两万五千里长路,最终在1936年10月,红军三大主力部队在甘肃会宁胜利会师,长征宣告结束。

长征绝不是一场轻松的远游,途中的每一个决策、每一场战斗,都关系到红军的生死存亡。是什么样的精神能让红军走过两万五千里的长征呢?这就是红军精神,那是一种永不言败、从不放弃、自信乐观的革命精神。当时的中国有千千万万等待解放的劳苦大众,红军把这份责任变成了一种必胜的信念,贯穿在长征的始终。

这首七言律诗写于1935年的10月,当时毛泽东主席已经率领红军穿过四川、甘肃交界的岷山,胜利在望。此时的喜悦冲淡了一路走来的艰辛,毛泽东提笔写道:"红军不怕远征难,万水千山只等闲"——千山万壑、山高水长,对红军来讲只是普普通通的穿越。

山高人为峰。在大无畏的红军面前,高山大河就在脚下。横挡在江西、湖南、两广之间的大庾岭、骑田岭、萌渚岭、都庞岭、越城岭,这些连绵起伏的山脉,在巨人眼前,就好像是小河里的微波细浪。贵州西部气势磅礴的乌蒙山,在巨人脚下也不过是一个小泥球。

想当年唐代诗人宋之问被贬谪到岭南时,路过大庾岭,他首先想到的是"阳月南飞雁,传闻至此回"(宋之问《题大庾岭北驿》),即便是十月南飞的大雁到这里也算是飞到了尽头,再往南飞怎么可能呢?在这首《七律》中,毛泽东把古人的悲情甩在了身后,他把十二分的自信写进诗里,一洗前代诗人萦怀的愁绪。

红军的确做到了,他们翻山越岭来到了云南金沙江的渡口,只见江中的浪花拍击着高耸入云的崖壁,粉碎的泡沫像是升腾的热气。再看那四川大渡河上的泸定桥,铁索横贯,寒意阵阵,桥下江水急流,奔腾呼啸。战士们刚毅的身躯,迎着敌人的炮火,丝毫没有半点退缩。那些长征路上悲壮艰难的故事,一个一个都成了红军精神的注脚。

还有岷山上面千年不化的积雪,在白日晴空里闪烁出耀眼的光芒,它们静等红军的三支队伍翻山而过。这是最后的考验,胜利就在不远的前方。到那时让我们开怀大笑,把革命的豪情,传递到世间的每一个角落。

55. 七步诗

【三国·魏】曹植

煮豆持作羹，漉菽以为汁^①。
萁在釜下燃，豆在釜中泣。
本自同根生，相煎何太急?

【注释】

①漉（lù）：过滤。菽（shū）：豆类的总称。这里指豆渣。

【解说】

　　这首诗最早出自《世说新语》里记载的一个故事：曹丕做了皇帝以后，命他的弟弟曹植在七步之内作诗一首，如若不成，将有杀身之祸。曹丕的话刚刚说完，曹植的一首诗便脱口而出。因为这首诗是在限定的七步之内完成的，所以后人称之为"七步诗"。诗作好后，让身为哥哥的曹丕惭愧不已（刘义庆《世说新语·文学》）。曹丕为何非要刁难弟弟呢？这事还得从头说起。

东汉末年，曹操被汉献帝封为魏王。自然，在曹操的众多爱子中，就要产生一个能继承爵位的儿子。选谁好呢？曹操本来是有想法的。他和环夫人所生的爱子曹冲天资聪颖，仁爱厚道，与众不同，深受曹操喜爱，"曹冲称象"就是关于他的典故，曹操一度有让他当太子的意图。可是曹冲还未成年就病逝了，年仅十三岁，这让曹操大为失望。

那么曹操在其他儿子中有合适的人选吗？有，那就是曹植。曹植才思敏捷，是难得的奇才。有一次曹操问他：你的文章是谁帮你代笔的？曹植说：我出口成章，下笔成文，何劳别人代笔！现在就可以当面考验我的文采（《三国志·陈思王曹植传》）。东晋诗人谢灵运曾夸张地说：天下的文才如果有一石，那么曹植就能独占八斗（《南史·谢灵运传》）。

可是曹植文气有余而才干不足，难堪大任。有一次，他竟私自乘车行驶在只允许天子行车的皇家御道上，这让曹操大怒。还有一次，曹操让他带兵作战，他却因为喝醉酒而不能前去，导致曹操对其彻底失望（《三国志·陈思王曹植传》），于是太子之位自然就落到了曹丕的手中。曹丕称帝后，对曹植严加防范，免得他东山再起，篡夺帝位。《世说新语·文学》中《七步诗》的故事，大概就是根据兄弟二人的关系演绎而成的。

曹植的这首诗写得很巧妙，表面上在写煮豆子的过程，其实是一个小小的寓言。厨师在锅里煮着豆子，想把豆子的残渣过滤尽，留下豆汁做豆羹。对豆子来讲生命已经很残忍了，可是豆杆却还继续在锅底燃烧，豆子只能在锅里哭泣，本是一条根上一起长大的同伴，为何如今要苦苦相逼呢？

曹丕和曹植都是文学家，他们的文章写得极好，但是他们忘记了孔子说过的话："弟子，入则孝，出则悌，谨而信，泛爱众，而亲仁。行有余力，则以学文。"(《论语·学而》)权利和地位,会让人迷失心智。

今天的我们看到这首诗,会对曹植顿生怜悯之情,从而我们就有了一种固执的印象:弟弟曹植是好人,哥哥曹丕是坏人。其实他们都曾幻想当皇帝,只不过曹丕胜利了,而曹植成为政治斗争中的失败者。如果曹植胜利了,说不定也会逼他的哥哥曹丕在七步之内写出一首诗来,政治斗争就是这么残酷!我们对曹植的好感,不过来自于对弱者的同情。如果真让这个成事不足、喝酒误事的曹植去当了皇帝,历史上准会少一个文学家,而多一个昏君。

56. 鸟鸣涧

【唐】王维

人闲桂花落，夜静春山空。
月出惊山鸟，时鸣春涧中。

【解说】

　　唐朝诗人王维，字摩诘。他的名和字连起来，就是佛教中一位菩萨的名字"维摩诘"。"维摩诘"是梵语，翻译为汉语就是没有尘垢、不被污染的意思。王维人如其名，从小受到母亲的影响，吃斋念佛。《旧唐书·文苑列传下·王维传》记载：王维和他的弟弟都信奉佛教，吃素食，晚年常常斋戒，穿衣服也不喜欢带有装饰的图案。他在妻子去世后的三十多年里，一人独居，不再续娶。退朝之后，就在家中焚香静坐，诵读经文。

王维官至尚书右丞，辅佐宰相。又凭借自己在音乐、绘画、文学方面的才华，得到了长安城里权贵的推崇。可是外界的荣华富贵、高官要职，对他来讲如同过眼云烟，一点也不迷恋。他在辋川山谷（今陕西蓝田县城西南十余公里处）建造了一处别墅，在那里过着半官半隐的生活。

穿上官袍，他就是一位朝中的官员；脱下官袍，他就是一位佛家的居士。他要在世俗的凡间，保持自己的精神一尘不染。这种学习佛法的方式，来自于禅宗，属于佛教的一个流派。禅宗的弟子没有严格的清规戒律，他们在虚静的状态中，回到自己的内心深处，找寻那颗没有好恶、没有分别、没有贪念、没有执着的清净心，这颗心就是佛心，佛就在自己的心中。

王维用他的诗歌把我们带到了一个空灵的世界，这首《鸟鸣涧》就是如此。一个内心浮躁、欠缺性灵的人，自然不会有心去听小鸟在山涧鸣叫的声音，因为这种声音只能增加烦恼。但在王维看来，这样的空谷之音，如同佛偈，如同木鱼，足以启发每个人内心的佛性，也会把人带到一个远离凡尘的世界。在那里，花开花落，一切无为。一颗颗跌落的桂花，就像是一桩桩瓜熟蒂落的心事，在一缕暗香中轻轻滑落，随风飘远，了然无痕。

春天的深夜，安静祥和，空无一人，就像佛祖闭上的眼睛。把智慧放在心底，就有了穿透黑暗的光芒。即便在夜里，也能感受到天地万物在悲悯的胸怀中孕育生长。一座春天的空山，竟然放空了诗人那颗欲念不息的心，也让此刻的善在黑夜的帷幕中无限蔓延。

当善的发愿凝聚到极点，一轮朗月就会腾空而起。它普照大地，高悬着光明，用它善意的光芒，浸润着大地。当月光照进，和那片纯净的心底冥合时，山间的鸟儿也会为之一惊，它的一声啼叫，如同寺院禅房里敲响的钟磬声，让人有醍醐灌顶般的警醒。

王维这首《鸟鸣涧》，表面看是在写夜晚的春山、飘零的桂花、山涧的鸟鸣、天空的明月，而实际上，他是在写自己精神沉潜的世界。这个世界唯美空灵，没有一点世俗的烟火气。但是这个夜晚，并没有走向死寂，它有春的温度、月的光芒，还有鸟的声响。这种温情的善，正是王维这首诗中深深的禅意。

57. 芙蓉楼送辛渐

【唐】王昌龄

寒雨连江夜入吴，平明送客楚山孤。
洛阳亲友如相问，一片冰心在玉壶。

【解说】

　　古往今来，离别是人们永远都无法回避的话题。每个时代都会有离别的故事，每个人都有离别的记忆，还有一颗颗被离别伤透的心，这是一个让人伤神落泪的时刻。南朝文学家江淹在他的《别赋》中开篇就写道："黯然销魂者，唯别而已矣。"一场场刻骨铭心的离别中，会有多少伤心陨落。多情的诗人便会在这个时刻，把心中那分欲言又止的话，写成诗，送给朋友。

166

在唐诗中，送别诗所占比重极大。而且流传至今的经典送别诗，几乎都是盛唐诗人的创作。这是为什么呢？

一方面，盛唐疆域空前辽阔。在最鼎盛时期，东至朝鲜半岛，西达中亚咸海，南到越南顺化，北到贝加尔湖，这个广阔的疆域，为远行者留下了足够的空间。疆域越大，由此产生的分别就越遥远，因此而产生的相思浓度也就越高。

另一方面，相对开明的政治和强大的国力，让唐朝人有了四处漫游的自信，离别也就颇为常见。一位读书人，可以为了功名，在盛唐的版图上四处交游，寻求进入仕途的机会。一位商人，可以为了财富，转运物资，走在通往西域的古道上。一位将军，可以率领士兵，保家卫国，纵横驰骋在边关塞外。所以在国家强盛、经济富足的时代里，离别也就成了生活的常态。

在盛唐时期，律诗绝句已经完全成熟，而且成为风靡于社会大众的艺术。所以一首首脍炙人口的经典送别诗，也就在这个时代集中出现了。"渭城朝雨浥轻尘，客舍青青柳色新。劝君更尽一杯酒，西出阳关无故人"。王维的这首《送元二使安西》，至今还在《阳关三叠》的曲谱中，被每个离别的人轻轻唱起。不知渭城的客舍旁，有多少柳树的枝条被折断，送给了远行千里的朋友。在唐人的离别中有一种格外的伤感，那就是在旅途中短暂相聚之后的离别。在极度的欣喜之余，又将面对着巨大的遗憾，这种离别产生的痛苦，也就愈加深沉。

这首《芙蓉楼送辛渐》，就是王昌龄在奔波途中和朋友辛渐的一次告别。芙蓉楼在唐代的润州（今江苏镇江），站在楼上东西眺望，这里曾是春秋战国时期吴、楚两国的地界，如今早已融入大唐的疆域。昨夜的滂沱大雨，如同楚国的千军万马，鼓角争鸣，在清晨吴国的江面上，留下阵阵寒意。此情此景，正为离别而来。

好友辛渐要离开润州前往洛阳，诗人的心情五味杂陈，因为这不只是离别，还因为洛阳是诗人熟悉的地方，那里有他牵挂的亲友。而他还要回到江宁

（今江苏南京），继续担任江宁丞。这个八品的小官，弃之可惜，留之无味，人生在世，身不由己。好友辛渐这一去，留下的是一个仕途困顿的诗人，还有楚地阴霾的雾气中一座座孤独的山峦。先生一去江南空啊！如果有亲人问起我的近况，你就告诉他：我的内心依旧高洁，从未改变，就像玉壶中清洌的美酒。

58.江畔独步寻花七绝句（其六）

【唐】杜甫

黄四娘家花满蹊，千朵万朵压枝低。
留连戏蝶时时舞，自在娇莺恰恰啼。

【解说】

　　唐代诗人杜甫，在中国的诗坛上享有盛誉，被称为"诗圣"。他站在诗歌艺术的最顶端，供后代诗人顶礼膜拜。然而，有一个现实我们一定要知道，杜甫在他有限的五十九年的生命里，一直寂寞无闻，他的名气远比不上李白、王维、孟浩然这些当时就已声名远播的诗人。可是历史不会忘记他的成就，时间考验着真金，杜甫的诗歌最终成为了中国文学史中最耀眼的精华。只不过这个礼遇来得太迟，对诗人来讲太不公平。

杜甫生前过得并不如意，他的一生都在漂泊。年轻时曾漫游吴越（今江苏、浙江一带），中年时西入长安，十年时间找寻功名无果，四处碰壁。好不容易得到了一个兵曹参军的职位（掌管兵库），又遇上了安史之乱的战火。杜甫不得已，带着家人四处逃难。就在那个兵荒马乱的岁月里，杜甫安顿好家人，立即就去追随朝廷。唐肃宗看到他一片忠心，就授予他了一个官职——左拾遗。

这个官职只有八品，职位不高，但位置关键，可以直接面见圣上、上书言事。杜甫是一个有才华的诗人，但对于官场的规则却不甚了解，他的言论触犯了肃宗，最终被贬到华州。这样的安排让杜甫苦闷，他的俸禄想要养活家人，谈何容易！干脆辞官而去，他带着家人先到秦州（今甘肃天水），后到成都，再去夔州，又顺着长江前往湖南，最终在一条漂向岳阳的破船上，离开了人世。

杜甫的一生都在漂泊，就像一只远飞的鸿雁，很少有歇脚的沙洲。他的诗歌来源于生活的苦难，字字句句都是坎坷和血泪。正因为写来不易，所以忘记也就很难。杜甫的这首《江畔独步寻花》，就写在他流亡成都的日子里。杜甫在那里一住就是五年，这也是他生命中难得惬意的五年。他在成都西郊的浣花溪畔建造了一座安身的草堂，身处天府之国，物产丰饶，妻儿可得暂时温饱。又因为有好友的资助，本来寒酸的生活，有了润泽的光泽。

春天的成都，欣欣然一片祥和。湿润的空气、芳草的清香、善意的春阳，总是搅和在一起，酝酿出春天的成都特有的味道，也让午后漫步在江边的诗人慵懒地荡漾在春风里。在这个日子里，可以走，可以停，可以卧，可以睡，可以访友，可以寻花。春天，总是有一万个理由让诗人沉醉。

在黄四娘家安静的庭院里，开着和黄四娘一样娇美的花。花团绽放，沉甸甸地压在枝头，有的则穿过篱笆，横挡在门前的小路上，它们或许是想让黄四娘留步，比一比谁的容貌更美。或许黄四娘识破了它们的伎俩，安睡在深深的庭院里迟迟不肯出来，任由这些花儿失望地低垂，留下满园的芳香。

　　香味是一种勾魂摄魄的美。蝴蝶跌跌撞撞地来了，落下又飞，飞了又停，它想占有那朵最香的花，可是每朵花里都有一种别样的芬芳，想要一一辨别，实在太难了。贪心的蝴蝶在花间流连徘徊，惹得树头的黄莺"恰恰"啼叫。它要告诉蝴蝶：春天的美不必占有，而在欣赏，你看看江畔那位一路寻花的诗人！

59. 石灰吟

【明】于谦

千锤万凿出深山，烈火焚烧若等闲。
粉骨碎身全不怕，要留清白在人间。

【解说】

在中国的传统文化中，文人总是喜欢把人的品德赋予天地自然万物，也让它们有人的德性。比如梅、兰、菊、竹这四种自然界常见的植物，原本没有什么特殊，但一经德性的比附，就有了不同寻常的意义。

梅花在严冬开放，有不畏严寒的精神；竹子中空有节，象征着气节和谦虚；兰花清雅高洁，那是君子的品格；菊花淡雅幽香，那是名士的风度。这些品格，不是植物天生具有的，而是文人后天赋予的，于是一代一代积淀下来，使这些原本普通的植物，有了不同寻常的象征意义。

我们再来看日常生活中的石灰，它是一种普普通通的建筑材料，其化学成分也很简单，就是氧化钙。但是要获得它并不容易，古代的工匠先要去深山中，千锤万凿，开采出那些碳酸钙含量很高的岩石，然后再用上千度的高温烈火，整整焚烧七天，最终才能得到雪白的石灰。

矿石长在深山，坚硬顽强，好像一位君子至死不渝的忠心；匠人的千锤万凿，好像是来自小人的千般诋毁、万重打击；熊熊烈火，又像是这个残酷世界对君子最严厉的考验。可是这又能如何呢？即便让君子粉身碎骨，但那颗清白的心，依然昭示天下。

石灰的白，在明代诗人于谦看来并不普通：那是清白的白，是一种历经磨难、百折不挠，还依然不改的清白。这首诗名为《石灰吟》，表面在写石灰形成的过程，实际上诗人在吟诵石灰的过程中，感叹一种至死不渝的清白。

于谦是明朝人，这个人光明磊落，一身正气，是一位难得的君子。他把南宋末年民族英雄文天祥的画像供奉在家中视为偶像。文天祥的那句"臣心一片磁针石，不指南方不肯休"（文天祥《扬子江》），就成了他的座右铭，希望有朝一日，自己也能成为一位崇尚气节的英雄。

于谦做到了。中进士后，他的才能得到了朝廷的认可。先是协助宣宗皇帝平定了汉王朱高煦的反叛，后又出任山西、河南巡抚，治理水患，赈济百姓。当时的天下并不太平，朝廷内部宦官专权，作威作福，朝廷之外西蒙古瓦剌部大举入侵。英宗皇帝不幸成了瓦剌人的俘虏，长达一年之久，皇位只好由弟弟代宗皇帝（景帝）接替。危难之中，于谦主持大局，拼死抵抗瓦剌，最终把英宗皇帝接回宫中，这是于谦的功绩。

英宗皇帝回国后，为了再次登上皇帝的宝座，居然听信了小人的谗言，错杀了于谦，天下百姓为之喊冤。当抄家的官员来到于谦家中时，发现庭院贫寒简陋，全然不似一个高官的宅邸，只有一间房子里，紧紧地锁着皇帝赏赐的宝剑和蟒袍丝毫未动。

　　于谦的清白可昭日月。英宗皇帝后悔了，他的儿子宪宗皇帝继位后，恢复了于谦的名誉，弘治二年（1489）追谥"肃愍"。明神宗万历年间，朝廷又缅怀于谦，追尊谥号"忠肃"。"忠"就是对国家的忠心，"肃"是刚正不阿的精神，这两个字就是《石灰吟》中永不变色的清白。

60. 春夜喜雨

【唐】杜甫

好雨知时节，当春乃发生。
随风潜入夜，润物细无声。
野径云俱黑，江船火独明。
晓看红湿处，花重锦官城。

【解说】

　　杜甫是"诗圣"，是诗歌中的圣人。他的诗歌艺术，前无古人，后无来者，成为历代诗人学习的典范。元稹就曾经评价杜甫说："尽得古今之体势，而兼人人之所独专矣。"（《旧唐书·文苑列传下·杜甫传》）什么意思呢？就是说杜甫写诗无所不能、无所不专,别人会的他都会,别人行的他都行。元稹甚至这样说:"诗人以来,未有如子美者(杜甫字子美)。"(元稹《唐故工部员外郎杜君墓系铭并序》)从诗歌艺术的角度看,古往今来的诗人,没有一人能超越杜甫。所以,称他为"诗圣",可以说是实至名归。

但是大家要知道,只有诗艺没有诗德,那还成不了"诗圣"。杜甫有一副仁厚的心肠,对人世间的苦难抱有深切的同情。他的身上没有李白的飘逸,没有王维的淡雅,更没有孟浩然的疏野,他只有一颗焦虑不安的心,安放在现实的苦难中。

当他看到长安城被安禄山的叛军攻占后,他写下了"国破山河在,城春草木深。感时花溅泪,恨别鸟惊心"(《春望》)这样凄婉的句子。当他看到大唐盛世不公平的现实时,就发出了"朱门酒肉臭,路有冻死骨"(《自京赴奉先县咏怀五百字》)的呐喊。当他看到自己的草屋被狂风吹去茅草后,他想到的不是自己的温暖,而是天下和他一样贫困的读书人,于是,他大声疾呼:"安得广厦千万间,大庇天下寒士俱欢颜! 风雨不动安如山。呜呼! 何时眼前突兀见此屋,吾庐独破受冻死亦足。"(《茅屋为秋风所破歌》)杜甫的忧愁很多,欢乐却很少。这种忧愁,不是凡夫俗子患得患失的小忧愁,而是为国为民的大忧愁。所以"忧国忧民"成为他身上永不褪色的标签,这就是圣人的胸怀。所以称他是"诗圣",再恰当不过了。

这首《春夜喜雨》,写在杜甫漂泊成都的日子里。他在友人的帮助下,在成都西郊的浣花溪畔搭建了一座简陋的草堂,一家人终于有了一个暂时安身的居所。可是用茅草搭建的草堂,最怕的就是风雨。雨水一滴一滴从屋顶茅草的缝隙里跌落下来,家中没有一处干燥的地方,简直无法入眠。可是即便如此,一场春雨的到来,仍然让诗人欣喜异常,因为这是农夫们日夜盼望的雨水啊!

他忘记了自家床榻的潮湿,想到了这场春雨伴随着春风,慢慢地潜入龟裂的土地,如油一般滋润着干瘪的秧苗,同时也平复了农夫脸上苦难的皱纹。这场春雨如此善解人意,正好落在人们最需要它的时候。

　　雨就这样无声无息地下着，在黑夜乌云的掩护下，它们酝酿着最为精彩的春天。原野的小路曲曲折折通向远方，江上的渔船中晃晃悠悠地发出光芒，谜一般地晕开淡淡的光斑，星星点点地搅和在一江春水中。这样迷醉的春夜里是最容易入眠的，何不就这样睡去？等到明早醒来，就去看看十里春光的锦官城（成都别称），那里沉甸甸的花朵鲜翠欲滴，一定饱含着昨夜的那场雨水。

61. 元 日

【北宋】王安石

爆竹声中一岁除，春风送暖入屠苏^①。
千门万户曈曈日^②，总把新桃换旧符^③。

【注释】

①屠苏：酒名，中国古代春节时饮用的酒品，又名"岁酒"。 ②曈曈：日光温暖明亮。 ③桃符：古时挂在大门口用于避邪的桃木，画着门神或写上门神的名字。后人多以"桃符"指"春联"。

178

【解说】

按照中国农历的算法，每年从腊月二十三到大年三十除夕之夜，是一年的结束，而从正月初一元日到正月十五元宵节，又是新的一年的开始。中国人所说的"过年"，也就在这个时段。过年，既是过去一年的总结，又是新的一年的开始，它有除旧迎新的意义，同时也是祭祀先祖、亲友团聚的时刻。那些漂泊在天南海北的异乡人，在临近年关的时候，总有一个回归故乡的念头。过年是一种难以抗拒的情结，这种情结顽固而强大，总是在春节来临之际，不约而同地涌现在每个中国人的心头。过年如同教徒的聚会，回家便成了一种信仰。

于是放下手头的工作，收拾好大包小包，穿越千山万水，冒着严寒风雪，一次又一次、义无反顾地回到那个你曾经千方百计想要离开的故乡。尽管那里的一切还是旧时的模样：低矮的村落，厚重的泥土，熟悉的乡音，宁静的时光。当你来到故乡的土地上时，身上附着的一切荣誉、价值、地位都会卸下，从而回归到本真的状态。这场不远万里的回归，竟然在找寻自己那颗原本淳朴的心。回归故乡，从某种意义上讲，就是一个人自我精神的救赎，它在时刻提醒自己，不要在远方的漂泊中迷失方向。同时，也会让自己深刻地体会到，无论身在何处，只有故乡才是一个游子最踏实的依靠。

回家过年还有一个重要的内容，那就是要寻找一种熟悉的味道，我们把它称之为"年味"。这种味道，潜藏在我们的味蕾深处，不会因为岁月的流逝而丧失。有时候只需要那么一点点，就能勾起所有儿时的记忆。这种年味中，首先来自那一挂挂除旧迎新的鞭炮，它们释放出的火药味中夹杂着硫磺的硝烟，一时在农家的院子里欢腾。"爆竹声中一岁除"，过去的一年就在这"噼里啪啦"的声响中离去了；新的一年，则在那逐渐淡去的烟雾中展开了。爆竹的香味醒脑，比早春开放的梅花，还要香上几分；那散落在墙角、雪地里的猩红的爆竹纸屑，又比梅花还要红上几分。

还有一种年味来自食物，出自母亲忙前忙后的厨房。宰好的猪羊、磨好的豆腐、炖烂的白菜，这些农家本色的食物，一起在砂锅中均匀调和，不紧不慢地炖着。灶台中漫着青烟的炉火，把锅盖中捂着的年味，顺着天窗带去村落的上空，惹得喜鹊鸣叫、乌鸦不安。就连街坊邻居，也会辨别着香味的方向，幻想着某户人家年夜饭里的几道热菜。那一天一定也会喝酒，和家人饮一壶屠苏酒，暖和身子，祛病健身，才是最大的惬意。"春风送暖入屠苏"，这一桌的酒菜香就是年味。

年味中还有一点来自冬末、初春的阳光，照在整洁的庭院里。瞳瞳白日，把金黄的包谷棒子、火红的干辣椒、雪白的窗纸、大红的窗花，照得更黄、更红、更白、更艳。这是农家兴旺而富足的色彩。当然，这个时节百姓也会换上新桃、撤去旧符，贴上鲜红的对联和门神，那上面还有太阳照出的笔墨清香，这也是年的味道中不可或缺的部分。

62 清　明

【唐】杜牧

清明时节雨纷纷，路上行人欲断魂。
借问酒家何处有，牧童遥指杏花村。

【解说】

　　一年四季，春夏秋冬，每个人都在时序的流转中游走。从立春到清明，从谷雨到大暑，从立秋到霜降，从立冬到大寒，每个节气都在告诉你光阴的故事。它让稍纵即逝的时光得以短暂停留，也让匆忙的人们慢下脚步。更为可贵的是，它让时间有了内容、意义、价值。清明就是时序中的一个节点。

　　清明的来历颇有渊源，据说这个节日与春秋时期的晋文公重耳有关。重耳还在国外流亡的时候，介子推曾割下腿上的肉救了他。可是等重耳当上晋国国君后，遍赏追随他流亡国外的人，唯独忘了当年的这个救命恩人，于是介子推隐居绵山之中。晋文公很内疚，派人寻遍山野，终无所获，只好放火烧山逼他出来。山火熄灭了，人却没出来，结果介子被推活活烧死。晋文公伤心懊悔，于是下令把那天定为寒食节；又过了一年，把节后一天定为清明节，以此来纪念介子推。在民间，百姓把这个节日的内涵逐渐扩大，用来纪念自己的先祖，这一天也就变成了民间祭祀的鬼节。

　　那一天，男女老少倾城而出，提着祭奠的酒食，带着烧纸冥钱，踏着青草，去往祖先的坟墓。于是一堆堆燃起的烟火，升起在山间旷野，欲飘不飘，欲落不落。仿佛这分凝重，来自天上细雨的挽留，还有此刻孝子贤孙们的悲情。扫墓的扫墓，烧纸的烧纸，哭泣的哭泣，发呆的发呆，青草还是去年的青草，山川还是去年的山川，可是人不能复生，永远地离开了。天地宇宙永恒不变，人的生命稍纵即逝，这真是谜一般的无解。

　　"夫天地者，万物之逆旅也；光阴者，百代之过客也，而浮生若梦，为欢几何？"（李白《春夜宴桃李园序》）这是李白在一个春天的夜里说过的话。在他的眼里，自然万物只是暂住在天地间，时间也只是历史中的匆匆过客，一切终究要离去，漂浮不定的人生，能享有多少快乐呢？李白曾思考过这些问题，后人也在思考。在烟雨迷蒙、弥漫着纸钱烟火的清明时节，为这些无解的问题而伤神，真是令人销魂啊！于是大家都不说出来，把深刻放在心底，把潇洒放在身外。

　　等扫墓完毕，找一处风景绝佳处，背靠柳树，亲朋围坐，一起分享着祭祀用的酒菜。让过去成为故事，让未来成为期待，这也是时光的交替中人们不得已拥有的一种态度。"清明时节雨纷纷，路上行人欲断魂"，这"断魂"二字，包含着多少行人似睡非睡、将醉不醉、欲言又止的情绪啊！

　　"何以解忧，唯有杜康"（曹操《短歌行》），那就索性去找一处酒家，抛开那头顶上笼罩的烟雨,还有人生解不开的问题,在那里一醉方休。酒家在何处呢?店家的酒旗早就淹没在桃红柳绿、草长莺飞的图画里,毫无影子。正在这时,骑牛的牧童吹着悠扬的小曲,正好打破诗人此刻的无助。那小手向天空划了一道弧线,弧线的尽头刚好落在远处开满杏花的村落上,那里一片粉嘟嘟的白。那是清明的色彩、人生的希望,一定还有消解困惑的美酒。

63. 西江月·夜行黄沙道中

【南宋】辛弃疾

　　明月别枝惊鹊，清风半夜鸣蝉。稻花香里说丰年，听取蛙声一片。　　七八个星天外，两三点雨山前。旧时茅店社林边，路转溪桥忽见。

【解说】

　　国学大师王国维曾说过："凡一代有一代之文学，唐之诗、宋之词、元之曲，皆所谓一代之文学，而后世莫能继焉者也。"（王国维《宋元戏曲考·自序》）用通俗的话来讲就是：每个朝代都有属于自己的文学样式，唐诗、宋词就是唐、宋两代最具代表性的文学经典，后人一直在模仿，但是至今无人能超越。

词和诗在形式上有明显的区别，那就是诗的格式是规整的，要么四言、五言，要么杂言、七言。而词呢，句式长短不齐，所以词又叫"长短句"，它本是配合音乐演唱的歌词。但是大家千万不要以为，这种长短不齐的词，创作起来比格式整齐的诗要简单——想怎么写就怎么写，其实它对于格律和音乐性的要求比诗更严格。一首词的词牌，严格规定了一首词的格律。比如说，每个词人都能用"西江月"这个词牌填词，但都要严格遵循这个词牌的格律规范。词是附属于音乐的文字艺术，是带着镣铐的舞蹈。

"夜行黄沙道中"，是这首词的标题。结合辛弃疾的生平我们可以判断，这首词写在他闲居江西的日子里。那是一个夏天的夜晚，在上饶县黄沙岭的乡间小路上，诗人乘着月色一路前行。在月亮的光影中，大地上的一切都变成了剪影，诗人、树林、稻田、山峦、小路，只剩下了简易的轮廓。

当大地的形体悄然黯淡时，自然的声响就会逐渐清晰。一场仲夏夜的交响曲即将开始，就等一个时刻。天上的月亮就是一个时钟，树梢就是指针，当指针刚刚落在时钟的刻度上时，一声脆亮的啼叫在枝头响起，这是喜鹊的鸣叫，灵动而富有禅意。这也是仲夏夜交响的序曲，让沉睡在阴暗角落的精灵苏醒。它们的生命属于夜晚，要用独特的声音强调自己在白天不被重视的存在。

于是蝉儿一只只出来了，它们趴在枝干上抖擞羽衣，管弦齐奏。此时清风的温度刚刚好，使燥热急促的蝉声有了些许凉意，也把蝉儿凌乱的尾音，消解在无边的黑夜里；而不是像白天那样，直直地戳进人们的耳膜。夏夜里的蝉声，让夜更加深邃。

青蛙也坐不住了，它们在田间地头铆足了精神，合唱共鸣，一时间多声部的交响此起彼伏。它们也和人们一样，在夜里有一个心愿——祈盼一个丰收的年景。上天知道了它们的诚意，于是两三点小雨透过七八颗星的缝隙，滴嗒滴嗒地落下，它们要融入泥土，走进稻子的心房，与稻花的清香相会。

就在这个夜晚，虽然不能辨别大地的真容，但是蝉噪蛙鸣，稻花吐穗，丝丝细雨，星星点点，让诗人对暗流涌动的夜，有了别样的体验，甚至让他有点眩晕。在记忆中，一间茅草搭建的客栈，就在土地庙的旁边，怎么可能会凭空消失呢？那就继续走下去吧。一个转弯，穿过小桥，那座茅店突然出现在了眼前。是幻觉还是现实？让人不得其解。夏天的夜晚，也能教人迷醉。

64. 天净沙·秋

【元】白朴

孤村落日残霞, 轻烟老树寒鸦, 一点飞鸿影下。
青山绿水, 白草红叶黄花。

【解说】

中国人的情感和天地自然是联系在一起的。其实这个传统早在三千多年前的《诗三百》中就有, 那就是"起兴"——通过自然万物来引发情感。本来自然归自然, 情感归情感, 可是中国人善于比附, 总要把自己的喜怒哀乐与自然的变化一一对应, 于是人和天地有了共通的命运, 天人合一的关系也就更加紧密了。

　　人在天地间游走，外界的一切都可能引发出丰富的情思：秋天落叶飘零，生命将逝，令人不由地悲伤；春天柳树发芽，枝条吐绿，令人欣然喜悦；看到天降霜雪，内心顿感悲凉；看到白云浩渺，心志也到了远方（见陆机《文赋》）。其中，中国文人尤其钟情于秋天，由此而创作的与秋相关的作品，多到难以计数。大家或许会有疑惑：这个季节，没有春天万紫千红的色彩，也没有夏天绿树繁荫的浓密，更没有冬天银装素裹的妖娆，它凭什么能够让文人如此痴迷呢？要解答这个问题，绝非易事。

　　至少有一点是可以确定的——秋天是一个生命从繁盛走向消亡的季节。单凭这一点，就能引发无限的遐想。这是一个能让人的思想走向平静，进而走向深刻的季节。所以古往今来，无数的诗人在秋天写下了对生命的咏叹：

　　　　秋风萧瑟天气凉，草木摇落露为霜。（曹丕《燕歌行》）

　　　　秋风吹不尽，总是玉关情。（李白《子夜吴歌·秋歌》）

　　　　万里悲秋常作客，百年多病独登台。（杜甫《登高》）

　　　　楚天千里清秋，水随天去秋无际。（辛弃疾《水龙吟·登建康赏心亭》）

元代文学家白朴也有自己的作品，不过他创作的不是诗词，而是散曲。散曲是元代的通俗歌曲，"天净沙"是曲牌，规定了格律；而"秋"是歌名，表明了内容。在这首散曲中，白朴把自己眼中最具秋意的意象写进了诗里，就如同一个画家晕开墨色，画上孤村、落日、残霞、轻烟、老树、寒鸦、飞鸿、青山、绿水、白草、红叶、黄花，这十二个意象，让秋意十足。

　　其实这十二个意象又可分为三类：第一类当属孤村、落日、残霞、老树、寒鸦，它们是静态的，构成秋天最为写意的符号，精练而传神地勾勒出了秋的寒意与萧条。它们都有昔日的辉煌和生命，如今在人间做最后的停留。

　　第二类则是轻烟和飞鸿，它们是动态的。可能是白朴觉得他的秋天不能就此而走向死寂呆板，得有一点灵动跳跃，于是一缕轻烟弥漫在旷野，缓缓地飘移。

再用一点孤鸿的影子, 掠过孤村、老树、落日、残霞, 让秋天有了动态的效果。

剩下的青山、绿水、白草、红叶、黄花则是第三类。白朴试图用颜色挽回我们对秋天过于刻板的印象, 秋天不只有萧条, 秋天也有色彩, 只可惜我们很少注意到。或许白朴还有另外一层用意, 那就是他想用色彩挽回整首曲子过于感伤的基调, 让文人的秋天从此不再寂寥。

65.马诗二十三首（其五）

【唐】李贺

大漠沙如雪，燕山月似钩。
何当金络脑^①，快走踏清秋。

【注释】

①络脑：马络头。

【解说】

中唐诗人李贺是一位天才。他在七岁时就能写出精彩老到的文章，以至于

190

惊动了大文豪韩愈。韩愈刚开始不信，后来亲自去他家验证，没想到这个稚气未脱的小孩竟然对客挥毫，落笔成诗。韩愈大惊：这个孩子是一位名副其实的天才！因为有大文豪的赞誉，李贺声名鹊起，震动京师。在唐代，文采就是读书人的通行证。考取功名，对他而言真是易如反掌。

可是正要参加进士考试的时候，一些嫉妒他才华的小人就向朝廷举报，理由甚是荒唐，说："李贺的父亲名叫李晋肃，其中'晋'这个字和进士的'进'同音。作为儿子怎么能冒犯父亲的名讳去参加进士考试呢？"在古代，的确有避讳的说法，如果在自己的文章中出现圣人、帝王、长辈名字中的字或同音字，那就一定要换一个字代替，如果他人不小心在你面前说出了你应该避讳的字，那你一定要表现出悲伤的样子，以表示对先辈的尊敬。

这些小人给李贺罗织的罪状太牵强了。韩愈大为愤慨，亲自写文章为李贺辩护："父亲的名字叫晋肃，儿子就不能参加进士考试，假如父亲名字中有个'仁德'的仁，儿子就不能做人了吗？"（《古文观止》卷8《唐文·讳辩》）韩愈说得极是。可即便如此，在这些小人的干扰下，李贺最终竟未能参加进士科考试。

一位才子竟然被一条莫须有的指责而断送了前程，这是多么压抑的无奈啊！空有一身才华却前途无望，在任何时代都是悲剧。更何况李贺志向远大，远非一般文人可比。他身在书房，手握纸笔，但是心在边关塞外，希望跨一匹骏马托付着他的躯体和梦想。一组托物言志的《马诗二十三首》，就表达了他建功立业的强烈愿望。

这是《马诗二十三首》的第五首。"大漠沙如雪，燕山月似钩"，描绘出李贺梦想中的一幅边塞夜景。燕山山脉矗立于华北，抵挡着北方部族逐鹿中原的企图。大漠戈壁横断西北，延缓了胡人南下牧马的步伐。广阔无垠的沙漠，在月光下犹如满地霜雪，燕山的月亮弯弯的，挂在天边，好似弯弓。这些地方，历来都是兵家必争之地，也是唐朝那些渴望建功立业的青年朝思暮想的地方。"男儿何不带吴钩，收取关山五十州"（李贺《南园十三首》其五）；"宁为百夫长，胜作一书生"（杨炯《从军行》），他们耻于仅仅当一个安卧于书斋之内的文人。

想当年东汉的外交家班超，早年为官府抄写文书时，曾对周围的人这样说："作为大丈夫，就应当像傅介子和张骞那样建功西域，怎么可以在笔墨之间消耗时光呢？"周围的人呵呵冷笑。班超说道："你们这些人怎么可能了解壮士的志向呢？"（《后汉书·班梁列传·班超传》）

班超的这番话一定会让李贺感动，因为他们的心中都有一个幻想驰骋的远方。用李贺的诗句表达，那就是"何当金络脑，快走踏清秋"。金络脑是千里马的金辔头，只有受朝廷器重、肩负重任的宝马，才能配得上黄金做成的行头。我李贺何时能担此重任呢？如果真有那一天，我一定如这匹骏马那样奔驰在秋天一望无际的疆场。

66. 明日歌

【明】钱鹤滩

明日复明日，明日何其多。
我生待明日，万事成蹉跎①。

【注释】

①蹉跎：虚度光阴，无所作为。

【解说】

　　我想，明朝诗人钱鹤滩在写这首《明日歌》时，他已经发现当时社会上很多人都患上了严重的"拖延症"。今天过后还有明天，明天过后还有后天，他们把今天该做的事放在了明天，也把所有的希望都寄托在了将来。"明日复明日，明日何其多"，"明日"就是为自己的懒惰找寻理由的借口。当自己的明日所剩无几的时候，一个人的一生也就结束了。"我生待明日，万事成蹉跎"，这一辈子只能画上一个一事无成的句号。

明天是一个温柔的陷阱，在对明天的幻想和期待中，古往今来有多少胸怀大志的人逐渐老去，碌碌无为，以此终老。孔子有一位朋友名叫原壤，二人年龄相仿，等到他们都到晚年的时候，两人的差距显现了出来。孔子成就卓越，有弟子三千、贤人七十二，受世人敬仰。而原壤呢？闲居在家，一事无成。有一次，他叉着腿坐在地上，孔子看到老朋友一幅慵懒的样子，真有点恨铁不成钢，于是拿起拐杖就敲打原壤的小腿骨，佯装愤怒地说："你年轻时不去努力做一个守孝悌的好人，到了中年也没有被人称颂的成就，老了还成了一个浪荡子，你咋不去死呢，真是一个害人精啊。"（《论语·宪问》）孔子当然不是盼着他的老朋友早点死去，而是看到一个生命就这样毫无价值地度过一生，替他惋惜。

一个珍惜光阴的人，即便是站在大河的岸边，面对奔腾的河水，都会有一番感慨："逝者如斯夫，不舍昼夜！"（《论语·子罕》）天地自然间的一切事物，都在稍纵即逝的长河里成为过去。人生不能虚度，要过好自己的每一天、每一分、每一秒。每个对生命负责的人，都会有一种潜在的紧迫感，同时也会把这种紧迫感化为今天的行动。孔子做到了，他这样评价自己说：发愤忘食，乐以忘忧，不知老之将至（《论语·述而》）。人就活在每一个当下的日子里，当孔子在晚年回首他的一生时，一定不会因为虚度光阴而悔恨。

《明日歌》中除了告诫那些因为拖延时间而浪费生命的人，还在告诫那些总是为明天奔忙而忽略当下的人，第一类人可恨，第二类人可怜。如果我们总是被明天的焦虑牵着鼻子走，得不到片刻安闲的时光，那么我们也就没有可能去发现今天的美。人生苦短，何必这样匆忙呢？与其为明天的事忙碌奔波，还不如静下心来，就在今天用十二分的真诚对待身边的每一个人，再把十二分的热情融入到自己的生活中去。过去不可追回，未来遥不可及，但是今天的时光是可以把握的。如果我们把每一天都当成是世界的最后一天，我想每个人都会把今天过得充实。只有这样，才不会辜负我们有限的人生啊！

67. 竹 石

【清】郑燮

咬定青山不放松，立根原在破岩中。
千磨万击还坚劲，任尔东西南北风。

【解说】

　　说到清代诗人郑燮，或许我们对这个名字有点陌生，但说到"郑板桥"，那可是如雷贯耳，家喻户晓。郑燮，姓郑，名燮，号板桥。为人清高，不落流俗。又因为诗、书、画三绝，颇有名望，与金农等人并称为"扬州八怪"。关于郑板桥，我们还对他的一句名言甚为熟悉，那就是"难得糊涂"。但是此人为官清廉，

196

善恶分明，像一块有棱有角的石头。

郑板桥的家在今天江苏的兴化。在他担任山东潍县（今属潍坊市）县令期间，当地接连发生饥荒，甚至发生人吃人的悲剧。城中百姓嗷嗷待哺，打开官府的粮仓需要层层批文，等到批文下来，不知道潍县又有多少百姓被活活饿死。在这个危难关头，郑板桥不犯糊涂，他毅然决定打开官仓赈济百姓，即便是丢了头上的乌纱帽，也要保住一方百姓。

在清朝的官场，郑板桥本可以"难得糊涂"，明哲保身。凭借他康熙秀才、雍正举人、乾隆进士的身份，只要按部就班，前途定会一片光明。但是他看到生灵涂炭的现实，再也坐不住了，他的良知告诉他，为官不能糊涂，要把百姓放在心中。可是一个心中只有百姓的人，自然不会有更多心思权衡上级下级、权贵乡绅的利益。为官十二年，最终两袖清风辞官而去。从此官场上少了一个为民做主的县令，江湖上多了一位写字卖画的文人。

郑板桥的画中偏爱竹子，绝非偶然。因为竹子有君子品格，对文人来讲寓意非凡。苏轼曾这样说：

> 宁可食无肉，不可居无竹。
>
> 无肉令人瘦，无竹令人俗。
>
> 人瘦尚可肥，士俗不可医。（《於潜僧绿筠轩》）

竹子居然对人的灵魂有净化的功能，它能让士人君子时刻保持精神的高洁。郑板桥画竹子，总喜欢在竹子的旁边画上几块长相奇特的石头，就是那种砸不烂、推不倒、棱角分明、不可亵玩、有铮铮铁骨的石头，他们是竹子的朋友。这首《竹石》就题写在画面的空白处。

"咬定青山不放松，立根原在破岩中"，一竿竿翠竹，戳穿岩石的缝隙，笔直地冲向天空。竹竿中空，它的硬度比不上岩石、钢铁，但是柔能克刚，潜藏着巨大的能量和智慧。在狂风暴雨"千磨万击"的摧残中，竹叶或许会被吹落，竹竿或许会倾斜,但是风雨过后,依然是笔直的身躯。"千磨万击还坚劲,任尔东西南北风",这是竹子坚守的原则和立场。

在竹子的身上,你能看到道家四两拨千斤、柔弱胜刚强的智慧,又能看到儒家君子凛然不可侵犯的气节。道家和儒家的精神,竟然如此和谐地共存在一棵竹子身上,这可能就是中国文人喜欢竹子的原因吧。

郑板桥在作画的过程中还有一种双向的互动,一方面在竹、石那里获得精神品格,另一方面也把自己的气节、风雅画入竹子和石头中。所以他笔下的竹子清雅挺秀、石头刚强不屈,自有一种不同流俗的品格。与其说郑板桥在画竹子,还不如说他在画自己,因为那上面的每一笔,都有他自己的影子。

68.天竺寺八月十五日夜桂子

【唐】皮日休

玉颗珊珊下月轮,殿前拾得露华新。
至今不会天中事,应是嫦娥掷与人。

【解说】

　　江南之美,美在杭州;杭州之美,美在西湖,美在桂花。所以杭州的桂花,就成为古往今来诗人笔下的常客。白居易在《忆江南》中这样写:

　　江南忆,最忆是杭州。山寺月中寻桂子,郡亭枕上看潮头。何日更重游?

（《忆江南三首》其二）

杭州的桂花，竟然让白居易念念不忘。

白居易的词让杭州的桂花声名远播，也引发了无数文人对于杭州和桂花的向往。时至北宋，大词人柳永在《望海潮》一词中极尽铺陈之能事，大写杭州的香艳繁华，此地"有三秋桂子，十里荷花"（柳永《望海潮》）。这首词从大宋传到了金国，没想到金主完颜亮唱到这句时竟然垂涎三尺，有了投鞭南下、入侵大宋的企图（罗大经《鹤林玉露·丙编》卷1《十里荷花》）。如果这个故事是真的，那么用"倾国倾城"这四个字来形容桂花一点也不为过。

桂花又名桂子，每年农历八、九月间开放。别看花瓣虽小，淡黄轻柔，但芳香浓郁，沁人心脾，绝对在芍药、牡丹之上。闻着香味的人都会忍不住去寻找源头，找来找去原来是那桂树枝头上一簇簇颗粒分明的桂花。但是说来奇怪，你要是单个拿一颗花粒放到鼻尖去闻，似乎又淡然无味，可是一旦放下，满树的芳香又扑面而来。人们为了保存这种味道，就把桂花做成桂花糕、桂花酒，想把这种醇厚的浓郁永久地储存在味蕾中、坛子里。

美酒和糕点总有吃完的时候，可是诗歌不会，晚唐诗人皮日休在一个八月十五月圆之夜，把杭州天竺寺的桂花酿进了诗里，一传就是千年。唐人的审美总是有点独特，诗人们总是喜欢在月夜寻觅桂花的芳踪。王维"夜静春山空"，"人闲桂花落"（《鸟鸣涧》）是这样，白居易"山寺夜中寻桂子"也是这样。或许他们在月圆之夜想到了月宫里的嫦娥、吴刚，还有那棵永远都砍不倒的桂花树，于是桂花和月夜就有了自然的关联。

"玉颗珊珊下月轮，殿前拾得露华新"——玉颗，是玉石的颗粒。珊珊，是晶莹的光泽。那一粒粒如玉石颗粒般的桂花，仿佛就从天上的那轮月亮中来，飘飘荡荡，落在了天竺寺里佛殿的台阶上。捡起仔细看来，那花瓣上面分明还带着新染的月光，颗颗冰凉；还有广寒宫里的嫦娥年复一年的寂寞。"至今不会天中事，应是嫦娥掷与人"，除了诗人，还有谁能明白嫦娥此刻的心情呢？

在这个夜晚，皎洁的月亮和淡黄的桂花，还不足以调和出杭州八月最唯美的诗意。因为在"三秋桂子"的杭州城里，这样的景致太过寻常了。月夜的桂花，还得有一点淡淡的禅意才算美。要去哪里找寻呢？就去杭州城外的天竺寺吧！那里庭院深锁，沉寂而神秘。月亮最圆的时候，僧人们已在桂花飘落的梦中睡去，只留下一缕缕幽香萦绕在佛祖安静而祥和的脸上，一阵微风，它又飘向长明灯都穿透不了的黑夜。

69. 闻官军收河南河北

【唐】杜甫

剑外忽传收蓟北，初闻涕泪满衣裳。
却看妻子愁何在，漫卷诗书喜欲狂。
白日放歌须纵酒，青春作伴好还乡。
即从巴峡穿巫峡，便下襄阳向洛阳。

【解说】

唐代大诗人杜甫流传下来的诗歌大约有一千四百多首，数量不少，但是在他的诗集中却很难找出几首色调欢快明亮的诗作，大部分诗歌都是忧国忧

202

民、沉郁顿挫的作品。这首《闻官军收河南河北》与其他诗歌大为不同，它一洗杜甫胸中的块垒，一泻千里，不可收拾，写得轻松，笑得痛快，可以说是杜甫"生平第一首快诗也"（浦起龙《读杜心解》卷4之一七律）。诗人的喜悦力透纸背，让你的情绪也跟着飞奔起来。

杜甫为何开心呢？故事还得从755年的"安史之乱"说起，那是大唐帝国从辉煌走向黯淡的一个转折点。在此之前，大唐王朝是当时世界上最为强大的帝国，长安城里聚集着各国前来朝贡的使者，他们都想一睹盛唐的芳容。作为帝王的唐玄宗放松警惕，沉迷酒色，不但宠爱杨贵妃，还让贵妃的哥哥杨国忠为相。杨家兄妹炙手可热、一手遮天，而朝野上下民怨沸腾，危机四伏，这让手握重兵的将领有了可乘之机。就在这一年年底，安禄山、史思明的叛军发动了叛乱，兵锋直逼长安，玄宗皇帝如梦方醒，只能带着一帮人马仓皇出逃。这场战争葬送了大唐帝国的辉煌，也让无数百姓在战争的烽火中颠沛流离。

杜甫就是其中的一位。他带着妻儿在今天陕西、宁夏、甘肃、四川、湖北、湖南四处逃难，却始终没有一个地方能让他称心。一个诗人最好的陪伴就是诗歌，他用诗歌记录了战争给这个民族带来的不幸，也用诗歌记录了自己一路走来的坎坷。他的诗歌被誉为"诗史"，是这个民族的良心。

喜从天降。763年的春天，五十二岁的杜甫身处剑外（今剑门关以南地区），突然收到官府的捷报：唐朝的官军收复了黄河南北的广大失地，历时八年之久的安史之乱终于结束了。

老泪纵横。对于一个饱受磨难的诗人来说，任何消息都不如这封捷报来得及时。这是久旱中的甘霖、垂死前的解药啊！那些辗转奔波的艰辛、子女夭亡的悲痛、食不果腹的辛酸，此时此刻都化为热泪夺眶而出，重重地跌落在诗人的衣袍上。

得意忘形。回头看看老婆、孩子习惯性的愁容，不知愁从何来，我要用最大的声音告诉你们："苦难的日子结束了！"话还没说完，手里的书本高高抛起，就像逃脱的鸟儿冲上无际的天空。自由、轻松、舒展、青春，这些原本已经与自己生命绝缘的词语,一股脑地冲出诗人身体的每一个毛孔。

归心似箭。怎么可以毫无顾忌地像孩子一样说唱就唱? 那就借一顿甘甜爽烈的美酒,乘着醉意吼两嗓子。对了,可以回家了! 顾不得老态龙钟的躯体,借着春光,一条回家的大路浮现在眼前: 从巴峡到巫峡,从襄阳到洛阳。千山万水,只在一瞬。

70. 己亥杂诗

【清】龚自珍

九州生气恃风雷^①，万马齐喑究可哀^②。
我劝天公重抖擞^③，不拘一格降人才。

【注释】

　①恃：依靠。　②喑（yīn）：嗓子哑，不能出声。　③抖擞：振作精神。

【解说】

　　龚自珍生活在清朝晚期。那是一个千疮百孔、人才匮乏、极度平庸以至于快到窒息的时代。当大清的帝王们还沉醉在惟我独尊的盛世幻想中时，西方各国已迅速转变为近代工业强国。

大洋彼岸的美国的制宪会议颁布了《人权法案》，用法律的形式规定了人人平等，并保证每一个公民有信仰、出版、集会、示威和宗教自由时，清朝的皇帝还在"万岁、万万岁"的个人崇拜中不愿醒来。他们大兴文字狱，用政治集权遏制百姓的咽喉，不断强化自己的专制统治。

再看欧洲的英国。当瓦特改良的蒸汽机促使英国完成第一次工业革命、成为日不落帝国、进行着全球扩张的时候，我们的清朝皇室却还在担心火车、电线、铁路会影响自家的风水！

最后再看看葡萄牙。在他们的航海家达·伽马发现好望角、麦哲伦实现环球航行后的一百五十多年，清朝政府居然违背世界的潮流，于1656年（顺治十三年）六月颁布《禁海令》，严格实行海禁，闭关锁国，"片帆不得下海，片帆不得出洋"，严重阻碍了中外贸易的交流，使得这个拥有四大发明、汉唐文明的东方大国，在19世纪末期远远地落后了，让每个有责任感的中国人为之痛心。

龚自珍知道，一个国家的发展离不开人才。可是清朝政府选拔人才的途经主要依靠科举，而当时的科举考试主要看考生的八股文。于是大量的读书人终其一生，都在为这样僵化单一的考试而努力。而这些人"一捧书本，便想中举、中进士、做官，如何攫取金钱，造大房屋，置多产田。起手便走错了路头，后来越做越坏，总没有个好结果"（郑燮《范县署中寄舍弟墨第四书》，《郑板桥家书》，中国书籍出版社2004年版）。这样的考试选拔出来的不是人才，而是顺从皇权、自私自利的奴才。这是一个病态扭曲的社会，长此以往，国将不国。

龚自珍失望地说："衰世者，左无才相，右无才史，阃无才将，庠序无才士，陇无才民，廛无才工，衢无才商，抑巷无才偷，市无才驵，薮泽无才盗；则非但鲜君子也，抑小人甚鲜。"（《乙丙之际箸议第九》，选自《龚自珍全集》第一辑《乙丙之际塾议二》）用通俗的白话来讲：在衰世的时候，朝廷、边疆、学校、农村、商铺、街道、市场上人才难觅，即便想找个有才干的小偷、市侩、盗贼，也难觅踪迹。真君子少，真小人也少。

"九州生气恃风雷"，这个社会亟需一场雷厉风行的变革，才能让死气沉沉的大地恢复生机。只不过这场变革来得太迟，是在龚自珍去世之后的五十多年。光绪皇帝同"戊戌六君子"锐意革新，但这场变革触犯了保守派的利益，103天的变法，最后以变法派"六君子"的英勇就义而草草收场。"戊戌六君子"之一的谭嗣同这样说："各国变法无不从流血而成，今中国未闻有因变法而流血者，此国之所以不昌也。有之，请自嗣同始。"（梁启超《戊戌政变记·殉难六烈士传》）万马齐喑，英雄沉寂，这是怎样的社会啊！

一个社会没有人才无疑是可悲的，比这更为可悲的是，那个延续了千年的制度束缚了千里马自由驰骋的可能。龚自珍竭尽全力地呐喊："我劝天公重抖擞，不拘一格降人才。"这是龚自珍的期待，也是压抑的黑夜里声嘶力竭的呐喊。

附 录：统编小学《语文》古诗词汇总

一年级上

001. 咏鹅

【唐】骆宾王

鹅，鹅，鹅，曲项向天歌。
白毛浮绿水，红掌拨清波。

002. 江南

汉乐府

江南可采莲，莲叶何田田。鱼戏莲叶间。
鱼戏莲叶东，鱼戏莲叶西，鱼戏莲叶南，鱼戏莲叶北。

003. 画

远看山有色，近听水无声。
春去花还在，人来鸟不惊。

004. 悯农（其二）

【唐】李绅

锄禾日当午，汗滴禾下土。
谁知盘中餐，粒粒皆辛苦。

005. 古朗月行（节选）

【唐】李白

小时不识月，呼作白玉盘。
又疑瑶台镜，飞在青云端。

006. 风

【唐】李峤

解落三秋叶，能开二月花。
过江千尺浪，入竹万竿斜。

一年级下

007. 春晓

【唐】孟浩然

春眠不觉晓，处处闻啼鸟。

夜来风雨声，花落知多少？

008. 赠汪伦

【唐】李白

李白乘舟将欲行，忽闻岸上踏歌声。
桃花潭水深千尺，不及汪伦送我情。

009. 静夜思

【唐】李白

床前明月光，疑是地上霜。
举头望明月，低头思故乡。

010. 寻隐者不遇

【唐】贾岛

松下问童子，言师采药去。
只在此山中，云深不知处。

011. 池上

【唐】白居易

小娃撑小艇，偷采白莲回。
不解藏踪迹，浮萍一道开。

012. 小池

【南宋】杨万里

泉眼无声惜细流，树阴照水爱晴柔。
小荷才露尖尖角，早有蜻蜓立上头。

013. 画鸡

【明】唐寅

头上红冠不用裁，满身雪白走将来。
平生不敢轻言语，一叫千门万户开。

二年级上

014. 梅花

【北宋】王安石

墙角数枝梅，凌寒独自开。
遥知不是雪，为有暗香来。

015. 小儿垂钓

【唐】胡令能

蓬头稚子学垂纶，侧坐莓苔草映身。
路人借问遥招手，怕得鱼惊不应人。

016. 登鹳雀楼

【唐】王之涣

白日依山尽，黄河入海流。
欲穷千里目，更上一层楼。

017. 望庐山瀑布

【唐】李白

日照香炉生紫烟，遥看瀑布挂前川。
飞流直下三千尺，疑是银河落九天。

018. 江雪

【唐】柳宗元

千山鸟飞绝，万径人踪灭。
孤舟蓑笠翁，独钓寒江雪。

019. 夜宿山寺

【唐】李白

危楼高百尺，手可摘星辰。
不敢高声语，恐惊天上人。

020. 敕勒歌

北朝民歌

敕勒川，阴山下，天似穹庐，笼盖四野。
天苍苍，野茫茫，风吹草低见牛羊。

二年级下

021. 村居

【清】高鼎

草长莺飞二月天，拂堤杨柳醉春烟。
儿童散学归来早，忙趁东风放纸鸢。

022. 咏柳

【唐】贺知章

碧玉妆成一树高，万条垂下绿丝绦。
不知细叶谁裁出，二月春风似剪刀。

023. 赋得古原草送别（节选）

【唐】白居易

离离原上草，一岁一枯荣。
野火烧不尽，春风吹又生。

024. 晓出净慈寺送林子方

【南宋】杨万里

毕竟西湖六月中，风光不与四时同。
接天莲叶无穷碧，映日荷花别样红。

025. 绝句

【唐】杜甫

两个黄鹂鸣翠柳，一行白鹭上青天。
窗含西岭千秋雪，门泊东吴万里船。

026. 悯农（其一）

【唐】李绅

春种一粒粟，秋收万颗子。
四海无闲田，农夫犹饿死。

027. 舟夜书所见

【清】查慎行

月黑见渔灯，孤光一点萤。
微微风簇浪，散作满河星。

三年级上

028. 所见

【清】袁枚

牧童骑黄牛，歌声振林樾。
意欲捕鸣蝉，忽然闭口立。

029. 山行

【唐】杜牧

远上寒山石径斜，白云生处有人家。
停车坐爱枫林晚，霜叶红于二月花。

030. 赠刘景文

【北宋】苏轼

荷尽已无擎雨盖，菊残犹有傲霜枝。
一年好景君须记，最是橙黄橘绿时。

031. 夜书所见

【南宋】叶绍翁

萧萧梧叶送寒声，江上秋风动客情。
知有儿童挑促织，夜深篱落一灯明。

032. 望天门山

【唐】李白

天门中断楚江开,碧水东流至此回。
两岸青山相对出,孤帆一片日边来。

033. 饮湖上初晴后雨

【北宋】苏轼

水光潋滟晴方好,山色空蒙雨亦奇。
欲把西湖比西子,淡妆浓抹总相宜。

034. 望洞庭

【唐】刘禹锡

湖光秋月两相和,潭面无风镜未磨。
遥望洞庭山水翠,白银盘里一青螺。

35. 早发白帝城

【唐】李白

朝辞白帝彩云间,千里江陵一日还。
两岸猿声啼不住,轻舟已过万重山。

036. 采莲曲

【唐】王昌龄

荷叶罗裙一色裁，芙蓉向脸两边开。
乱入池中看不见，闻歌始觉有人来。

三年级下

037. 绝句

【唐】杜甫

迟日江山丽，春风花草香。
泥融飞燕子，沙暖睡鸳鸯。

038. 惠崇春江晚景

【北宋】苏轼

竹外桃花三两枝，春江水暖鸭先知。
蒌蒿满地芦芽短，正是河豚欲上时。

039. 三衢道中

【南宋】曾几

梅子黄时日日晴，小溪泛尽却山行。
绿阴不减来时路，添得黄鹂四五声。

040. 忆江南

【唐】白居易

江南好,风景旧曾谙。日出江花红胜火,春来江水绿如蓝。能不忆江南?

041. 元日

【北宋】王安石

爆竹声中一岁除,春风送暖入屠苏。
千门万户曈曈日,总把新桃换旧符。

042. 清明

【唐】杜牧

清明时节雨纷纷,路上行人欲断魂。
借问酒家何处有?牧童遥指杏花村。

043. 九月九日忆山东兄弟

【唐】王维

独在异乡为异客,每逢佳节倍思亲。
遥知兄弟登高处,遍插茱萸少一人。

044. 滁州西涧

【唐】韦应物

独怜幽草涧边生，上有黄鹂深树鸣。
春潮带雨晚来急，野渡无人舟自横。

045. 大林寺桃花

【唐】白居易

人间四月芳菲尽，山寺桃花始盛开。
长恨春归无觅处，不知转入此中来。

四年级上

046. 浪淘沙九首（其七）

【唐】刘禹锡

八月涛声吼地来，头高数丈触山回。
须臾却入海门去，卷起沙堆似雪堆。

047. 鹿柴

【唐】王维

空山不见人，但闻人语响。
返景入深林，复照青苔上。

048. 暮江吟

【唐】白居易

一道残阳铺水中,半江瑟瑟半江红。
可怜九月初三夜,露似真珠月似弓。

049. 题西林壁

【北宋】苏轼

横看成岭侧成峰,远近高低各不同。
不识庐山真面目,只缘身在此山中。

050. 雪梅

【南宋】卢钺

梅雪争春未肯降,骚人阁笔费评章。
梅须逊雪三分白,雪却输梅一段香。

051. 嫦娥

【唐】李商隐

云母屏风烛影深,长河渐落晓星沉。
嫦娥应悔偷灵药,碧海青天夜夜心。

052. 出塞

【唐】王昌龄

秦时明月汉时关，万里长征人未还。
但使龙城飞将在，不教胡马度阴山。

053. 凉州词

【唐】王翰

葡萄美酒夜光杯，欲饮琵琶马上催。
醉卧沙场君莫笑，古来征战几人回？

054. 夏日绝句

【南宋】李清照

生当作人杰，死亦为鬼雄。
至今思项羽，不肯过江东。

055. 别董大

【唐】高适

千里黄云白日曛，北风吹雁雪纷纷。
莫愁前路无知己，天下谁人不识君？

四年级下

056. 四时田园杂兴六十首（其二十五）

【南宋】范成大

梅子金黄杏子肥，麦花雪白菜花稀。

日长篱落无人过，惟有蜻蜓蛱蝶飞。

057. 宿新市徐公店

【南宋】杨万里

篱落疏疏一径深，树头新绿未成阴。

儿童急走追黄蝶，飞入菜花无处寻。

058. 清平乐·村居

【南宋】辛弃疾

茅檐低小，溪上青青草。醉里吴音相媚好，白发谁家翁媪？　　大儿锄豆溪东，中儿正织鸡笼。最喜小儿亡赖，溪头卧剥莲蓬。

059. 卜算子·咏梅

毛泽东

风雨送春归，飞雪迎春到。已是悬崖百丈冰，犹有花枝俏。　　俏也不争春，只把春来报。待到山花烂漫时，她在丛中笑。

060. 江畔独步寻花

【唐】杜甫

黄师塔前江水东，春光懒困倚微风。
桃花一簇开无主，可爱深红爱浅红？

061. 蜂

【唐】罗隐

不论平地与山尖，无限风光尽被占。
采得百花成蜜后，为谁辛苦为谁甜？

062. 独坐敬亭山

【唐】李白

众鸟高飞尽，孤云独去闲。
相看两不厌，只有敬亭山。

063. 芙蓉楼送辛渐

【唐】王昌龄

寒雨连江夜入吴，平明送客楚山孤。
洛阳亲友如相问，一片冰心在玉壶。

064. 塞下曲

【唐】卢纶

月黑雁飞高，单于夜遁逃。
欲将轻骑逐，大雪满弓刀。

065. 墨梅

【元】王冕

我家洗砚池头树，朵朵花开淡墨痕。
不要人夸好颜色，只留清气满乾坤。

五年级上

066. 蝉

【唐】虞世南

垂绥饮清露，流响出疏桐。
居高声自远，非是藉秋风。

067. 乞巧

【唐】林杰

七夕今宵看碧霄，牵牛织女渡河桥。
家家乞巧望秋月，穿尽红丝几万条。

068. 示儿

【南宋】陆游

死去元知万事空，但悲不见九州同。
王师北定中原日，家祭无忘告乃翁。

069. 题临安邸

【南宋】林升

山外青山楼外楼，西湖歌舞几时休？
暖风熏得游人醉，直把杭州作汴州。

070. 己亥杂诗

【清】龚自珍

九州生气恃风雷，万马齐喑究可哀。
我劝天公重抖擞，不拘一格降人才。

071. 山居秋暝

【唐】王维

空山新雨后，天气晚来秋。
明月松间照，清泉石上流。
竹喧归浣女，莲动下渔舟。

随意春芳歇，王孙自可留。

072. 枫桥夜泊

【唐】张继

月落乌啼霜满天，江枫渔火对愁眠。
姑苏城外寒山寺，夜半钟声到客船。

073. 长相思

【清】纳兰性德

山一程，水一程，身向榆关那畔行。夜深千帐灯。　　风一更，
雪一更，聒碎乡心梦不成。故园无此声。

074. 渔歌子

【唐】张志和

西塞山前白鹭飞，桃花流水鳜鱼肥。
青箬笠，绿蓑衣，斜风细雨不须归。

075. 观书有感（其一）

【南宋】朱熹

半亩方塘一鉴开，天光云影共徘徊。
问渠那得清如许？为有源头活水来。

076. 观书有感（其二）

【南宋】朱熹

昨夜江边春水生，蒙冲巨舰一毛轻。
向来枉费推移力，此日中流自在行。

五年级下

077. 四时田园杂兴六十首（其三十一）

【南宋】范成大

昼出耘田夜绩麻，村庄儿女各当家。
童孙未解供耕织，也傍桑阴学种瓜。

078. 稚子弄冰

【南宋】杨万里

稚子金盆脱晓冰，彩丝穿取当银钲。
敲成玉磬穿林响，忽作玻璃碎地声。

079. 村晚

【南宋】雷震

草满池塘水满陂，山衔落日浸寒漪。
牧童归去横牛背，短笛无腔信口吹。

080. 游子吟

【唐】孟郊

慈母手中线，游子身上衣。
临行密密缝，意恐迟迟归。
谁言寸草心，报得三春晖。

081. 鸟鸣涧

【唐】王维

人闲桂花落，夜静春山空。
月出惊山鸟，时鸣春涧中。

082. 从军行

【唐】王昌龄

青海长云暗雪山，孤城遥望玉门关。
黄沙百战穿金甲，不破楼兰终不还。

083. 秋夜将晓出篱门迎凉有感

【南宋】陆游

三万里河东入海，五千仞岳上摩天。
遗民泪尽胡尘里，南望王师又一年。

084. 闻官军收河南河北

【唐】杜甫

剑外忽传收蓟北，初闻涕泪满衣裳。
却看妻子愁何在，漫卷诗书喜欲狂。
白日放歌须纵酒，青春作伴好还乡。
即从巴峡穿巫峡，便下襄阳向洛阳。

085. 凉州词

【唐】王之涣

黄河远上白云间，一片孤城万仞山。
羌笛何须怨杨柳，春风不度玉门关。

086. 黄鹤楼送孟浩然之广陵

【唐】李白

故人西辞黄鹤楼，烟花三月下扬州。
孤帆远影碧空尽，唯见长江天际流。

087. 乡村四月

【南宋】翁卷

绿遍山原白满川，子规声里雨如烟。

乡村四月闲人少，才了蚕桑又插田。

六年级上

088. 宿建德江

【唐】孟浩然

移舟泊烟渚，日暮客愁新。
野旷天低树，江清月近人。

089. 六月二十七日望湖楼醉书

【北宋】苏轼

黑云翻墨未遮山，白雨跳珠乱入船。
卷地风来忽吹散，望湖楼下水如天。

090. 西江月·夜行黄沙道中

【南宋】辛弃疾

明月别枝惊鹊，清风半夜鸣蝉。稻花香里说丰年，听取蛙声一片。　　七八个星天外，两三点雨山前。旧时茅店社林边，路转溪桥忽见。

091. 过故人庄

【唐】孟浩然

故人具鸡黍，邀我至田家。

绿树村边合,青山郭外斜。
开轩面场圃,把酒话桑麻。
待到重阳日,还来就菊花。

092. 七律·长征

毛泽东

红军不怕远征难,万水千山只等闲。
五岭逶迤腾细浪,乌蒙磅礴走泥丸。
金沙水拍云崖暖,大渡桥横铁索寒。
更喜岷山千里雪,三军过后尽开颜。

093. 菩萨蛮·大柏地

毛泽东

赤橙黄绿青蓝紫,谁持彩练当空舞?雨后复斜阳,关山阵阵苍。　　当年鏖战急,弹洞前村壁。装点此关山,今朝更好看。

094. 春日

【南宋】朱熹

胜日寻芳泗水滨,无边光景一时新。
等闲识得东风面,万紫千红总是春。

095. 回乡偶书

【唐】贺知章

少小离家老大回，乡音无改鬓毛衰。
儿童相见不相识，笑问客从何处来？

096. 浪淘沙九首（其一）

【唐】刘禹锡

九曲黄河万里沙，浪淘风簸自天涯。
如今直上银河去，同到牵牛织女家。

097. 江南春

【唐】杜牧

千里莺啼绿映红，水村山郭酒旗风。
南朝四百八十寺，多少楼台烟雨中。

098. 书湖阴先生壁

【北宋】王安石

茅檐长扫净无苔，花木成畦手自栽。
一水护田将绿绕，两山排闼送青来。

六年级下

099. 寒食

【唐】韩翃

春城无处不飞花，寒食东风御柳斜。
日暮汉宫传蜡烛，轻烟散入五侯家。

100. 迢迢牵牛星

【汉】佚名

迢迢牵牛星，皎皎河汉女。
纤纤擢素手，札札弄机杼。
终日不成章，泣涕零如雨。
河汉清且浅，相去复几许？
盈盈一水间，脉脉不得语。

101. 十五夜望月

【唐】王建

中庭地白树栖鸦，冷露无声湿桂花。
今夜月明人尽望，不知秋思落谁家？

102. 长歌行

汉乐府

青青园中葵，朝露待日晞。
阳春布德泽，万物生光辉。
常恐秋节至，焜黄华叶衰。
百川东到海，何时复西归？
少壮不努力，老大徒伤悲！

103. 马诗

【唐】李贺

大漠沙如雪，燕山月似钩。
何当金络脑，快走踏清秋？

104. 石灰吟

【明】于谦

千锤万凿出深山，烈火焚烧若等闲。
粉骨碎身浑不怕，要留清白在人间。

105. 竹石

【清】郑燮

咬定青山不放松，立根原在破岩中。

千磨万击还坚劲，任尔东西南北风。

106. 采薇（节选）

《诗经·小雅》

昔我往矣，杨柳依依。
今我来思，雨雪霏霏。
行道迟迟，载渴载饥。
我心伤悲，莫知我哀。

107. 送元二使安西

【唐】王维

渭城朝雨浥轻尘，客舍青青柳色新。
劝君更尽一杯酒，西出阳关无故人。

108. 春夜喜雨

【唐】杜甫

好雨知时节，当春乃发生。
随风潜入夜，润物细无声。
野径云俱黑，江船火独明。
晓看红湿处，花重锦官城。

109. 早春呈水部张十八员外

【唐】韩愈

天街小雨润如酥，草色遥看近却无。
最是一年春好处，绝胜烟柳满皇都。

110. 江上渔者

【北宋】范仲淹

江上往来人，但爱鲈鱼美。
君看一叶舟，出没风波里。

111. 泊船瓜洲

【北宋】王安石

京口瓜洲一水间，钟山只隔数重山。
春风又绿江南岸，明月何时照我还？

112. 游园不值

【南宋】叶绍翁

应怜屐齿印苍苔，小扣柴扉久不开。
春色满园关不住，一枝红杏出墙来。

113. 卜算子·送鲍浩然之浙东

【北宋】王观

水是眼波横，山是眉峰聚。欲问行人去那边？眉眼盈盈处。　才始送春归，又送君归去。若到江东赶上春，千万和春住。

114. 浣溪沙

【北宋】苏轼

游蕲水清泉寺，寺临兰溪，溪水西流。

山下兰芽短浸溪，松间沙路净无泥。萧萧暮雨子规啼。　谁道人生无再少？门前流水尚能西。休将白发唱黄鸡。

115. 清平乐

【北宋】黄庭坚

春归何处？寂寞无行路。若有人知春去处，唤取归来同住。　春无踪迹谁知？除非问取黄鹂。百啭无人能解，因风飞过蔷薇。

后　记

　　从2016年开始到现在，我主要做了一件事情，那就是把中国传统的古典诗词解读给普通大众听。四年的时间里，我品读了一百多首诗歌，写下二十七万字，并且已将这些文字转化为音频节目，在各大在线平台播放。这些努力可算是我近年来未曾虚度光阴的证明。

　　本以为给大众做文化普及，是一件轻松愉快的事情——不必专业，力求通俗。而实际上很难，甚至比给专业的读者讲更难。为什么这么说呢？专业的读者有文史哲的修养，我讲得对不对、好不好，随便在书中翻几页便能知晓，不会迷惑他们的眼睛。即便是本书有不够充分的地方，也可以用他们的学养进行补充，所以我的书没有机会、也没有能力去误导他们。但是，如果我的书是面向非专业读者，特别是刚入学的孩子，那我的责任就重大了。我的理解、判断、审美，会直接影响孩子们的理解；如再有知识的硬伤，就会给孩子们造成认知的偏差，可不慎欤！

　　普及读物很难做好的地方，就是要深入浅出地讲好专业知识，让专业的读者读起来不觉得浅，而非专业的读者读起来又不觉得深。这绝非易事，孟子说"贤者以其昭昭，使人昭昭；今以其昏昏，使人昭昭"（《孟子·尽心下》），就是说，自己明白，也要让别人明白。用通俗易懂、形象生动的语言讲深奥的道理，这是我的书追求的方向，也是对普通大众的尊重。虽然我还远没有达到"贤者"的层次，但是我一直在努力。

　　中国的诗歌看似短小精练、格式规整，但是它形成的基础厚、承载的空间大，所以能把诗讲好实属不易。如果离开中国的文学、文化、语言、思想、历史去解读诗歌，终究会陷入盲人摸象般的狭隘。当前在中、小学的诗词课上，一首首鲜活灵动的诗歌，往往被拆解为七零八碎的语词片段，解读诗歌变成了解剖诗歌。老师不得其法不容易教好，学生没有兴趣也不会学好，诗词课略等同于朗读课、翻译课，每每让人遗憾。这本书学生拿来可当散文读，也可当故事看，老师也可以把它作为教学的一种参考。如若能对语文学习产生一些积极的帮助，这也足以欣慰，我的功夫没有白费。

我的第一本书《像吃布丁一样品诗词》出版，是我的硕士导师郝润华教授为我写的《序言》。这本书的出版我还是请恩师写序，原因很简单：我要记住老师对我的奖掖提携。事实上，也正是由于恩师的推荐，我才有缘和中华书局的陈虎先生相识。在这里我也要感谢陈虎先生，他为本书起了一个响当当的名字，但求我的内容能够对得起这个书名。在这里依旧感谢浙江华云文化集团对这本书持续的支持。没有大家的合力，这本书恐怕也不能和读者见面。当然，我还要感谢我品读过的每一首诗，是它们让我在世俗的世界里依旧保持诗意的幻想。

2017年第一本书出版时，我的女儿还在襁褓中呱呱而泣，而今两岁有余，竟能清晰地背诵出几首唐诗。想想她以后还要读着我的书成长，作为父亲的我才切实地知道，这几年自己终于做对了一件事情。

张羽
2019年11月30日于杭州闲林